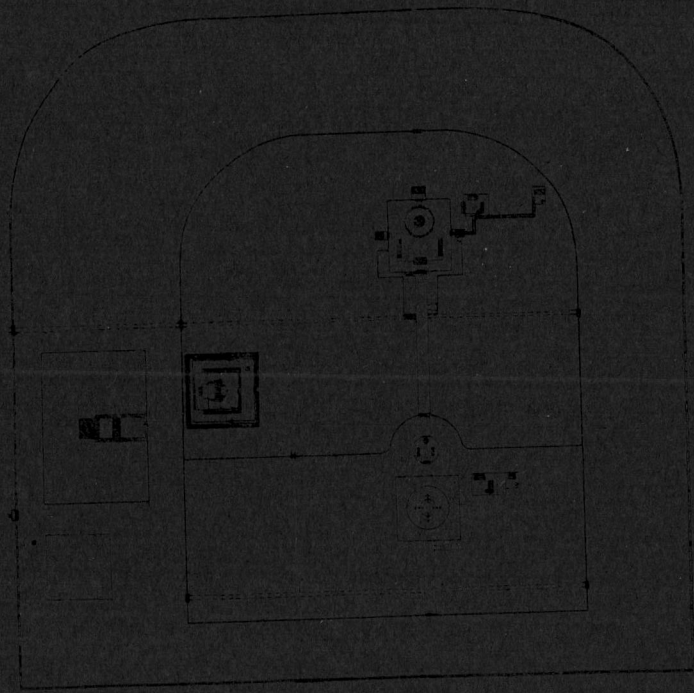

敬天尊祖 礼乐备和

天坛馆藏文物精品

北京市天坛公园管理处 编著

中国建筑工业出版社

序言

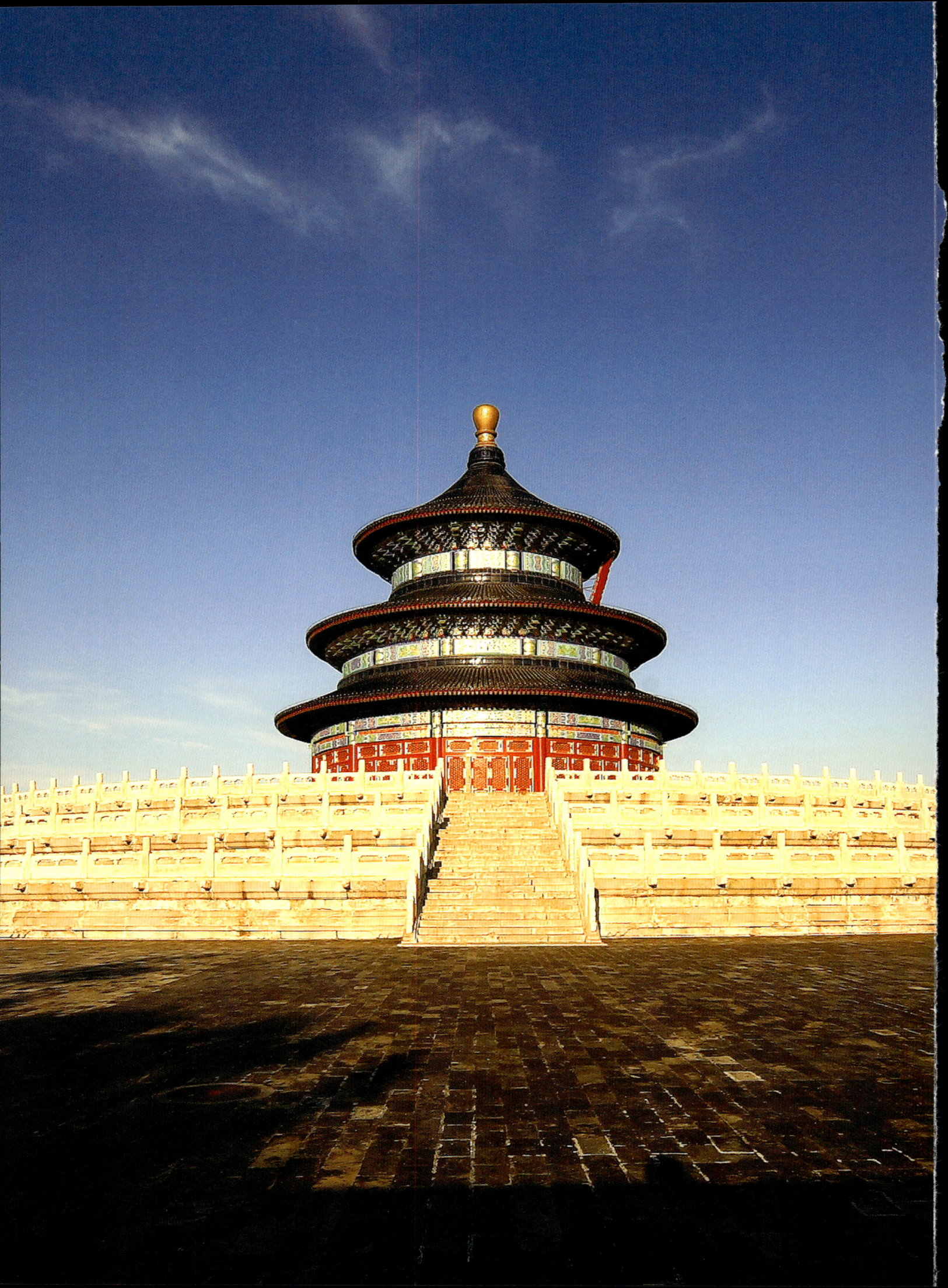

公元1420年（明朝永乐十八年），北京皇家祭坛——天坛建成，成为明清两代帝王表达"敬天尊祖"、"重农爱民"、"礼乐宣教"思想的重要场所。

作为封建王朝合法性的象征，北京天坛是世界现存最大的、保存最完整的祭天建筑群。它的建筑形制、内涵集中国古代哲学、数学、力学、美学、生态学、天文学等多学科于一身，是世界建筑史上的杰作。在之后的数个世纪对东方的建筑和规划都产生了深远影响。

北京天坛的建造承袭五千年中华文化，所蕴含的以"天人合一"为核心的哲学思想，是中华文明的历史长河中多种天人学说不断辩论、融合的结果，在此宇宙观下形成的和谐、敬天、尊祖、重农、崇尚自然等观念，影响了中国古代社会的各个时期、不同阶层，对中华文明的发展产生了深远的影响，并在明清时期积淀成天坛文化的坚实内核。

联合国教科文组织世界遗产委员会认为，天坛是具有世界性突出普遍价值的艺术杰作，应该作为人类瑰宝世代传承。1998年，北京皇家祭坛——天坛被列为世界文化遗产，其文化价值从此被世界认知。

1912年，随着中国最后一个封建王朝灭亡，这一人类遗产的祭坛功能随之消亡。1918年天坛作为公园对公众开放，从此谱写这座文化遗产为公众服务的新篇章。在其开放的100年里，天坛由清末民初的管理废弛、草木衰败、建筑颓废，发展到现代管理有序、草木葱茏、建筑巍峨，其文化价值被重新发掘展现，引起世界瞩目。

天坛文物藏品，是天坛礼乐文化的重要载体，虽不瑰丽，但内涵深邃，足以追溯中华礼乐文明的发展脉络。值此天坛公园开放百年之际，谨以此馆藏精品呈现世人，祝这座恢宏的世界文化遗产永续传承！

北京市天坛公园管理处

前言

天坛是明清两代皇帝举行祭天大典的场所，是世界上现存最大的保存最完整的祭天建筑群。它建成于明朝永乐十八年（1420年），是明朝永乐迁都北京，进行北京城一体化建设的重要组成部分。都城规划是王朝礼制体系最具体的体现，礼制建筑——坛庙祭祀建筑的规制则是都城建设的重中之重，地位显赫。礼乐文化、祭祀文化经过中华五千年的历史涤荡，积淀了丰富的文化内涵，基于这一文化的浸染，礼制建筑——天坛不仅一脉相承了举世无双的独特的祭天建筑，也延存了独特的坛庙文物。天坛堪称一座艺术宝库，天坛文物藏品则因其使用功能的独特性，更可称为宝中之宝。

祭祀是人类对自然的一种崇拜行为，源远流长，在中国可考的祭祀史已有五千多年，新石器时代的红山文化遗址就发现有祭坛，而公元前3000年的良渚文化时期即出现了豆、簋等祭器。后代"明贵贱，辨等列"，祭器、乐器成为礼器，成为各朝代礼制建设不可或缺的一部分，构成了中国历史文物中的一大类别。天坛馆藏文物主要类别就是礼器，其中祭器如笾、豆、簠、簋、玉、篚，乐器如钟、磬、琴、瑟、敔、柷，凡此种种，器形端正，纹饰古朴，色彩纯雅，极为典丽。

很多礼器在后世主要用于坛庙祭祀，因此又被称为坛庙文物。坛庙文物是几千年坛庙祭祀文化的载体，表现精义名理准确而系统。天坛馆藏文物以天坛祭器、乐器为主，兼有其他坛庙祭器及祭祀用具、陈设。藏品虽年代稍晚，却蕴含了中国古代博大精深的祭祀文化，是研究明清历史、艺术、文化最直接的宝藏。

明清两代，天坛等坛庙祭器的设计、制作及维护都被视为国家重典，不遗余力，但清末帝国主义入侵使天坛礼器、陈设惨遭灭顶之灾，民国政局动荡，管理疲弱，天坛所存文物也几度遭厄，损毁、佚失太半。现天坛馆藏文物逾万件，天坛从皇家祭坛到历史名园，其间虽历经了许多磨难，却仍有万件文物得以系列保存，更显珍贵。

本书遴选天坛馆藏文物精品，系列呈现明清天坛等坛庙祭祀及陈设礼乐文物的精华，使一直默默无闻、体现至简至纯天道观的祭器，华丽地再现于世人面前，使读者窥见古代祭祀礼乐文化之一斑，感受天坛的博大精深。

目
录

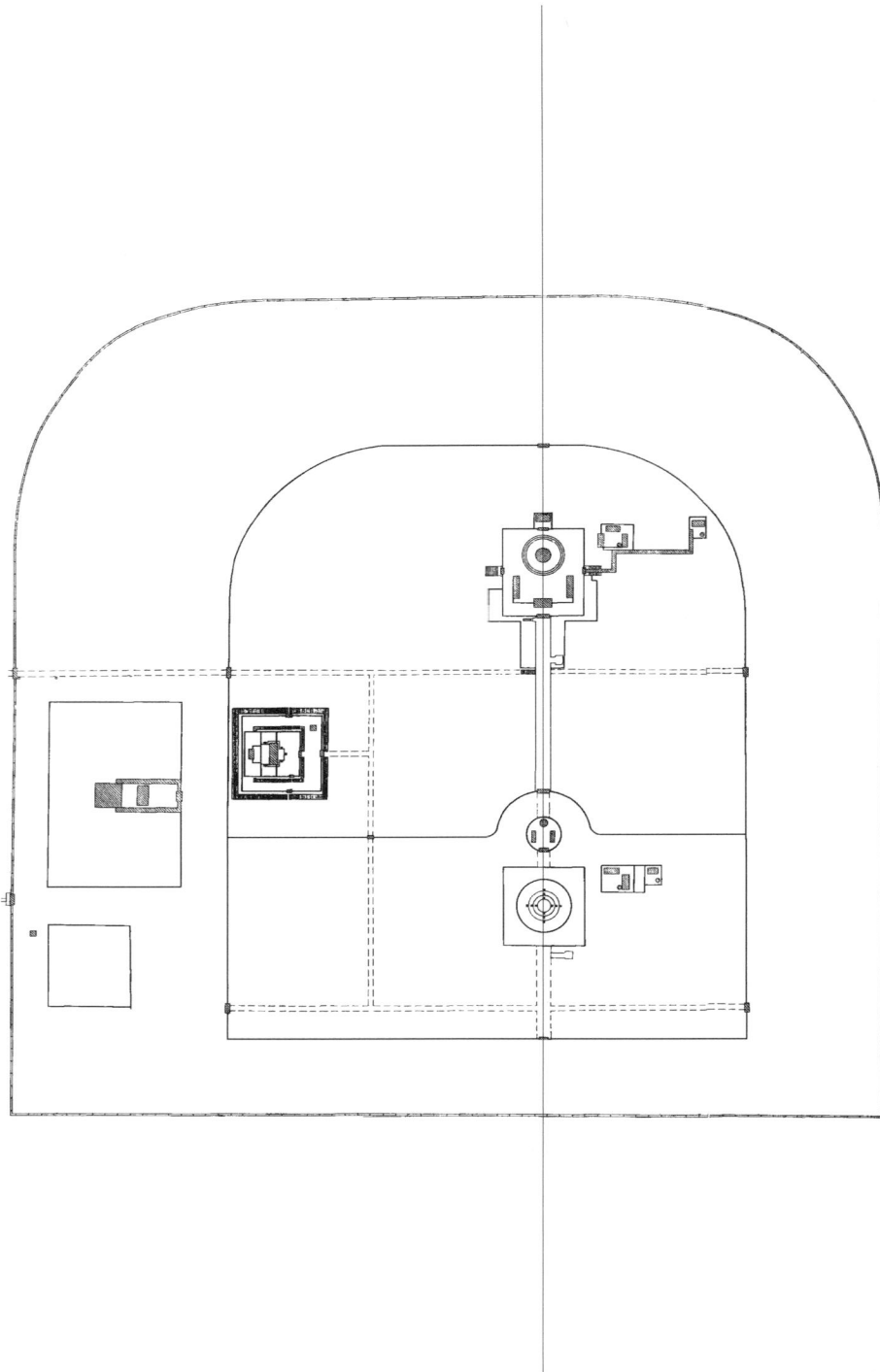

藏
品

天坛，
人神交接之所

鸟瞰天坛（新华社）

中国古代祭天的历史可以追溯至远古时期。传说，黄帝时期就已有祭天活动。西周以后，在中国逐渐形成了以"礼莫大于敬天，仪莫大于郊祀"为核心的祭祀制度。《礼记·王制》中记载："天子祭天地，诸侯祭社稷，大夫祭五祀。"祭天发展成为最高统治者——天子所独擅的行为。因为祭坛的选址在郊外，所以祭天活动又称为郊天或郊祀。《周礼》载："冬至日，祭天于地上之圜丘。"这就明确了祭天的时间和地点，成为祭天制度的雏形，并为后世帝王所遵行。

祭天作为帝王的专属权利，自古以来其礼遇可谓无以复加。究其原因，大致有二：一方面，源自对天的敬畏。农耕社会靠天吃饭，人们对于天、对于宇宙万物均不可知，寄希望于"万能"的天帝，为人间降福赐祉，祈祷风调雨顺百谷生。另一方面，祭天活动极为充分地体现了皇权的至高无上。作为天子的帝王是代表世间的万物生灵，向上天祈福，这种权力是独一无二的。当祭天的行为被赋予种种神秘的含义之后，在严等级、辨尊卑的阶级社会中，它所受到的重视就不言而喻了。从祭坛择址的神秘到营建工程的缜密，从建筑规制的考究到祭祀礼仪的繁缛，无不反映出历代帝王对"天"的尊崇及其对皇权的炫耀。

明清时期，天坛成为皇帝祭天、祈谷、求雨的御用场所，是天子与"天神"沟通、祈求风调雨顺、国祚绵长的神坛。在天坛举行的祭祀活动中，皇帝亲祀的有冬至祭天大祀、孟春祈谷大祀、孟夏常雩大祀、仲夏大雩大祀，还有各种遣官"告祭"等典礼活动。配合郊坛祭天的意境和各种典礼活动的举行，天坛的祭祀建筑逐渐形成了独特的建筑风格和特点。天坛建筑拥有独一无二的"以圆象天"的独特形制，体现"天圆地方"的建筑特点。核心建筑色彩为蓝色，以象征天色。精美巧妙的建筑结构中，广泛使用最大的阳数"九"，以示"天"之崇高和神圣。天坛祭祀建筑是中国古代祭祀制度的产物，是明清典礼制度的生动体现，它将古人对"天"的认识和尊崇完美地融合于建筑之中，充分展示了古人独特的建筑构思和精湛的建筑技艺。天坛祭天器物的色彩与形制同样极大地应和了"天"的色彩，采用祭蓝的颜色，传达了古人对天的认知。

　　天坛是世界上现存规模最大、保存最完整的古代祭天建筑群。天坛坛域呈北圆南方，两道坛墙将其分为内坛、外坛，主要分布有五组建筑群：祈谷坛、圜丘坛、斋宫、神乐署、牺牲所（今已不存）。天坛主体建筑均集中在内坛，内坛北部为祈谷坛建筑群，主要包括祈年殿、皇乾殿、长廊、神厨院、宰牲亭、丹陛桥等，每年正月上辛日皇帝率群臣在此举行孟春祈谷大典，祈求五谷丰登、风调雨顺。南部为圜丘坛建筑群，主要包括圜丘、皇穹宇、神厨院、三库院、宰牲亭，每年冬至日皇帝在此举行祭天大典，报谢天恩，表达对上天的崇敬之情。乾隆以后每年孟夏常雩礼也在圜丘举行。祈谷坛和圜丘坛这两坛之间，由长约 360 米的丹陛桥相连。斋宫坐落在内坛西，主要包括无梁殿、寝宫等，这里是皇帝祭祀大典前进行斋戒的场所。皇帝在此摒除一切私心杂念，清心寡欲，洁净身心，尽求与天交对时的虔敬。神乐署偏安于外坛西南隅，主要包括凝禧殿、显佑殿及周围廊房，是祭祀大典前乐舞生演练祭祀乐舞的场所。这些建筑虽不是在一个时期内建成，其整体规划却合理严谨，除斋宫、神乐署外，多分布于贯穿天坛南北的主轴线上。各组建筑互不统属，各自独立，形成错落有致、遥相呼应的格局。天坛坛域面积广阔，3500 余株的古树名木、大面积的绿地为天坛营造出肃穆清幽的独特祭坛氛围。

祈年殿

回音壁

圜丘

神乐署凝禧殿

斋宫无梁殿

　　天坛宏伟的祭天建筑群及其所蕴含的丰富的祭天文化是留给世人的一笔重要财富。天坛在建筑学、美学、声学、历史学、哲学、力学等方面所蕴含的巨大价值，在整个世界范围内都产生了一定的影响。天坛是建筑和景观设计之杰作，朴素而鲜明地体现出对世界伟大文明之一的发展产生影响的一种极其重要的宇宙观。几个世纪以来，天坛所独具的象征性布局和设计，对远东地区的建筑和规划产生了深远影响。两千多年来，中国一直处于封建王朝统治之下，而天坛的设计和布局正是这些封建王朝合法性之象征。天坛是中华民族乃至世界的珍贵文化遗产。

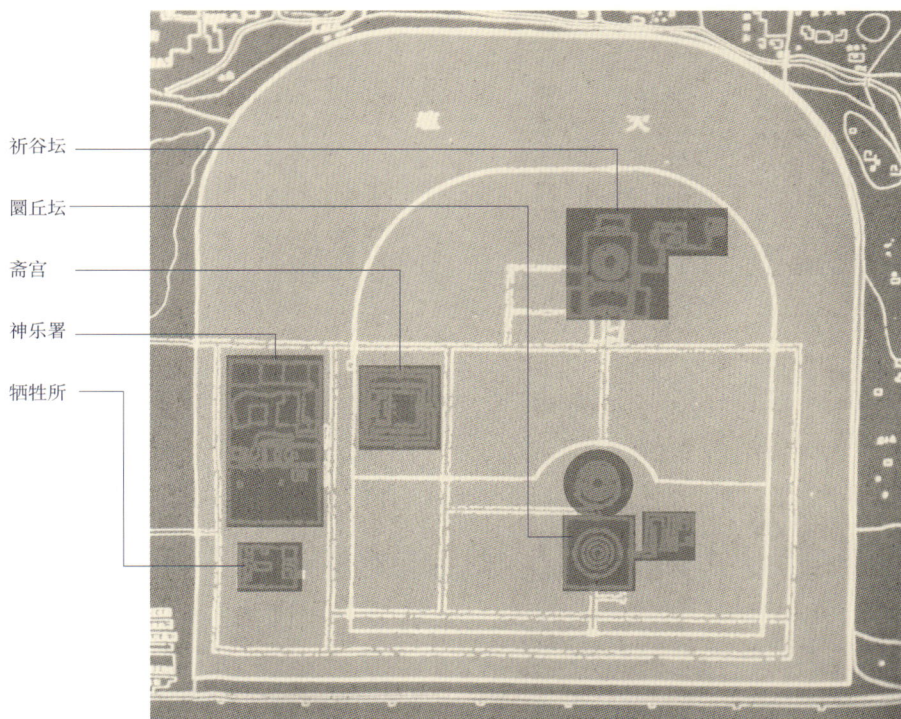

祈谷坛
圜丘坛
斋宫
神乐署
牺牲所

天坛平面布局

天坛文物存续记

天坛现存馆藏文物逾万件，主要为祭器、乐器，大多为清代乾隆、光绪年间所造，少量为明代所制。清光绪庚子事变八国联军进驻天坛，洗劫京城，导致一系列国家礼制所需祭祀器物不敷使用。为使祀典正常进行，清朝政府制补了大批坛庙礼器。这些礼器经过民国期间不断的隶属更迭，今天大多保存在天坛。

在祭天典礼和日常供奉、斋戒中还大量使用各式屏座、供案、灯具、棕荐等陈设，其品种繁多，样式各异，形成天坛文物藏品的又一特色。它们作为皇帝仪仗、斋戒、行礼中举止的必需品，同祭天陈设中使用的祭器、乐器一样，为人们了解当年盛大的祭天典礼，提供了丰富的实物资料。

天坛馆藏文物的价值核心在于存有各坛庙系列祭器和中和韶乐乐器，是中华礼乐文化传承的集中代表。中国古代历朝多以《周礼》为据，礼器"或用金玉，以示贵重；或用陶匏，以崇质素"，"各有精义存乎其间，历代相承"，从质地、数量、形状、尺寸到色彩都有严格定制。天坛文物历经明清朝代更迭，充分体现了各朝代对礼制建设的重视和礼乐文化的理解，是研究明清历史的重要物质遗存。天坛文物还历经外强入侵，内战动荡，历史变迁，在新中国的重视、保护下终于重新焕发礼乐文明之光，在当今中国古代祭祀文化和礼乐文明的研究中，发挥着不可替代的作用。

一、历史沿革

（一）洪武秉承古法，厘定祭器用瓷

明太祖朱元璋极为重视国家祭祀典制建设。为了稳固政权，早在明

朝建立之前就开始了诸多祭祀活动。初定天下，他务未遑，首开礼、乐二局，广征耆儒，分类考订。洪武元年（1368 年）三月，朱元璋即命礼官及儒臣编《存心录》，"上以祭祀为国之大事，念虑之间，儆戒或怠，则无以交神明。乃命礼官及诸儒臣编集郊社、宗庙、山川等仪，及历代帝王祭祀感应祥异可为监戒者，为书以进。"（《明太祖实录》卷 31）皆记明初坛庙祭祀之制。在正式定都南京后，朱元璋立即大兴土木，在南京城外钟山之南建圜丘以祭天，钟山之北建方丘以祭地，并亲率文武大臣，冬祭天，夏祭地，年年不辍。洪武十年（1377 年）定合祀之制，在圜丘旧址为坛，上覆屋，名大祀殿，每年正月上辛日于大祀殿行礼合祀天地。

明初时，关于坛庙祭器的规定已有雏形。洪武二年（1369 年）时规定，凡祭祀器皿皆用瓷。且受蒙元贵族"国俗尚白，以白为吉"遗风的影响，白釉瓷器成为宫廷祭器的主要品种，其烧制在明代始终未间断过。

在祭器的形制方面，明初沿袭古代礼法，以瓷制盘碗用来祭祀，明确了祭祀所用的"笾、豆、簠、簋"用瓷碟、"登、铏"用瓷碗代替。《明会典》卷八二《郊祀二》所载"圜丘第一陈设图正位（南向）"即上帝神位陈设图，有小字按："登、铏以磁碗代，簠、簋、笾、豆以磁盘代，凡坛庙同"。"盘、碗"是生活必须物品，与登、铏、簠、簋等器型相比，形制简单，制作成本低，成型率高，能够充分满足皇家祭祀的各种需求。

洪武时期对祭器的相关规定被后代所秉承，"祭器以瓷盘、碗代之，惟存其名"的做法甚至沿用到清代，直至乾隆十二年（1747 年）改制才发生变化。

（二）永乐北京初建，制作祭器乐器

明成祖朱棣，明代第三位皇帝，1403 ～ 1424 年在位，在其当政的 22 年期间，文治武功，建树颇多，其中大规模营建紫禁城奠定了今日北京之基本格局。明朝永乐十八年（1420 年），都城北京的营建工程竣工，与此同时，北京的南郊也赫然立起了一座祭坛，名天地坛，其"规制悉如南京，而高敞壮丽过之"。天地坛的中心建筑"大祀殿"即为祈年殿的前身。明初的大祀殿建制与今日的祈年殿迥然不同，其檐两层、四面坡庑殿顶。永乐皇帝遵从其父朱元璋"人君事天地犹父母，不宜异处"的郊祀思想，在大祀殿举行合祀天地的祭礼。永乐十九年（1421 年）正月乙丑（初

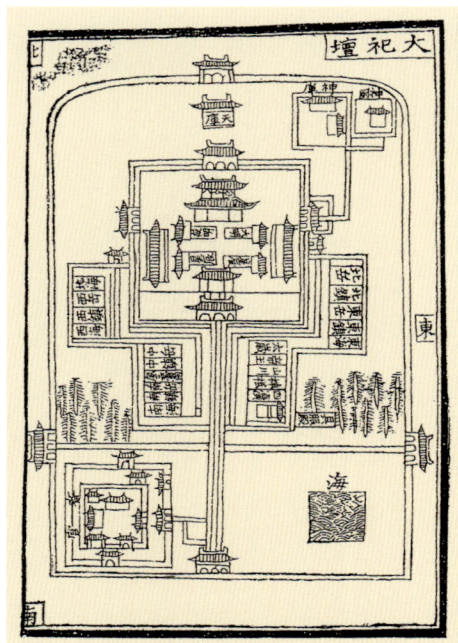

明弘治重刻本《洪武京城图志》南京大祀坛图

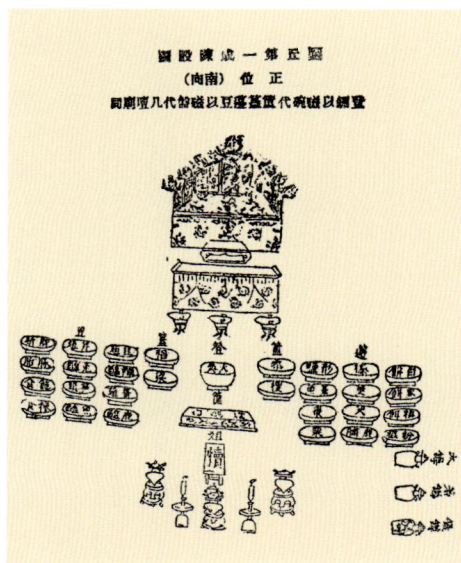

《明会典》圜丘第一成陈设图

二）永乐皇帝到天地坛举行告祭。正月甲戌（十一日）再至天地坛举行大祀天地礼。

而关于祭器的制作，早在永乐五年（1407年）时已经着手进行，六月戊子（初六）"治北京祀典神祇坛宇及制作祭器、乐器"。永乐皇帝对于瓷器很是热爱，永乐四年（1406年）十月丁未条记："朕朝夕所用中国瓷器，洁素莹然，甚适於心。"其祭祀用祭器规制仍依洪武旧制。

（三）宣德复古仿制，以良铜铸仿古祭器

明朝宣德三年（1428年），宣德皇帝收到了暹罗（泰国）国王进贡的数万斤精美的"风磨铜"（黄铜）。对比之下，宣德皇帝认为郊坛、太庙及内廷陈设的鼎彝祭器式样均非古制，形制鄙陋，遂生复古之心，于是下旨，敕令工部尚书吕震及礼部官员等人，仿照宋人《考古图》、《博古图》诸书所记，利用暹罗的贡铜铸造鼎彝祭器。工部及礼部官员组织工匠以风磨铜为主要原料，按宣德皇帝要求经十二炼后铸造，朝中大臣就有30余人参与监制和管理，所铸之铜器（鼎、簋、壶、尊、俎、豆、爵、炉等），除部分归宫廷留用外，还奉敕分与诸王府。

宣德五年（1430年）六月又命行在工部造天地坛乐器，"以太常寺言岁久多弊故也"。宣德六年（1431年）三月行在工部奏称，造北京天地等坛及钟鼓司、教坊司乐器、衣物，工力不足，欲从浙江等布政司及直隶苏松等府匠丁多处酌量选择赴京供役，每人每月给粮四斗，事毕仍遣归。宣德皇帝准奏。可见本次制作乐器等物使用了大量的人力物力，制作数量也是可观的。

虽宣德年间制作了这么多礼乐器，惜今日天坛馆藏文物并无留存。若他日文物藏品文化交流时发现，必要回收，以丰富天坛文化内涵，使天坛这个世界文化遗产在文化完整性上更进一步。

（四）嘉靖分祀改制，四郊祭器各依方色

明嘉靖皇帝在天坛历史上起着非常重要的影响。嘉靖元年（1522年）九月修天地坛祭器。天坛的建筑格局在嘉靖时期也发生较大变化：拆大祀殿，建大享殿；增建圜丘，专以祭天。礼制上，嘉靖九年（1530年）改合祀天地为分祀，定制：以正月之祀为祈谷，以十一月之祀为报本。建圜丘、方泽于南北二郊，朝日、夕月二坛于朝阳门、阜成门外。凡祀天地，

太祖、太宗二圣并配。十一月谕礼部："南郊之东坛名天坛，北郊之坛名地坛，东郊之坛名朝日坛，西郊之坛名夕月坛。南郊之西坛名神祇坛，著载《会典》，勿得混称。"天、地、日、月四祭坛分处北京城南北东西四方的格局从此形成。同时，规定了四郊祭器各依其方色：圜丘青色、方泽黄色、朝日赤色、夕月白色。而各坛所用祭器的式样仍为洪武初制，登、铏以瓷碗代之，簠、簋、笾、豆皆以瓷盘代之。

（五）乾隆仿古改制，更定祀典祭器

清初一切礼仪率依明制，郊祀用祭器仍用瓷盘、瓷碗相代。《清史稿》记："初沿明旧，坛庙祭品遵古制，惟器用瓷，雍正时，改范铜。"清雍正时曾范铜为器，制作了簠、簋、登、铏等祭器。由于这批祭器形制一如古祭器，被人认为是仿品，因此所制有限，仅用于太庙祭祀。而天坛大祀，仍用盘碗代替。

在天坛历史上，清乾隆朝是继明嘉靖朝改制后的又一重要历史时期。乾隆朝经历了清初顺康雍三朝的积蓄和完善，经济发展，政治稳定，乾隆皇帝有条件致力于各种礼制建设，对天坛等坛庙进行了大规模的改建、扩建和修缮，除礼制建筑外，对礼仪、礼器也进行了一系列改革。

乾隆皇帝认为前代以碗盘充数，而当代使用的祭器也"徒有其名"，于乾隆十二年（1747年）诏命改制祭祀礼器，至十三年（1748年）完成后，登、铏、簠、簋、豆等祭器恢复了古代青铜器的形制。碗、盘已不再作为祭器在国家祭祀中出现。清人吴振棫《养吉斋丛录》也有这样的记载："国初郊庙祭器，尚沿明制，徒存其名，皆以瓷盘代之。乾隆间敕廷臣议更古制，戊辰冬至始用于南郊，自是而诸祀皆用古礼器矣。"乾隆十三年（1748年）冬至南郊大祀时，陈列了依古礼器制作的全新祭器，当年南郊御制诗中就有"寅祀南郊殷荐陈，铏笾依古制更新"的描述，至此祭器达到最完备规整的阶段，为后代所遵循。

乾隆朝的另一变革是完善了延承自明代中和韶乐的乐器编制。明代中和韶乐中不设镈钟、特磬。乾隆二十四年（1759年）江西临江府出土古镈钟，恰逢国朝平定准、回两部，功成乐作，以为瑞应。命据此古镈钟仿铸镈钟十二律，并再琢特磬十二律俪配镈钟，以和"玉振金声"。当年冬至南郊祀天礼，启用新制镈钟、特磬，乾隆皇帝御制诗《冬至南郊礼成述事》盛赞其"镈钟特磬稽前制，玉振金声集大成。"诗中皇帝小注："比因

临江得古镈钟，参考仿制，副以特磬，大乐条理乃备。今大祀始用之。"中和韶乐编制中添配镈钟、特磬后，规制得以完备。

天坛虽经后世数度劫掠，馆藏文物仍有部分乾隆朝制作的礼器留存，与其前后各朝制作器物对比，用料考究，精工细作，均为精品。充分体现出乾隆皇帝对礼制、礼器改制的重视，以创制来彰显"国家敬天尊祖，礼乐备和，品物具陈，告丰告洁"。

乾隆二十四年（1759年）开始撰修《钦定皇朝礼器图式》二十八卷，将定制后的祭器、乐器等器物的广狭、长短、围径、材质、纹饰及使用数量、章采的等差，都条理分明地制成图谱。乾隆之后各朝基本按照此次改制的制式制作祭器、乐器。

（六）光绪庚子浩劫，重新制补祭器

清光绪时期发生的庚子事变，对天坛坛宇及祭器物品等造成了极其严重的破坏。1900年（光绪二十六年）8月16日，八国联军各国司令官"特许军队公开抢劫三日"，北京陷入深渊。联军总司令瓦德西在给德皇的报告中称："所有中国此次所受损毁及抢劫之损失，其详数将永远不能查出，但为数必极重大无疑。"这日黎明，英美联军从永定门入城，侵占天坛，占用各处殿堂，在斋宫设总司令部，在神乐署内设总兵站，使天坛遭遇严重浩劫。为了劫掠运输需要，他们将"京津"铁路由永定门外马家堡接入天坛，每天军队从天坛出发，烧杀抢掠。天坛内，到处堆放着联军劫掠来的财物，万佛楼的金佛、御苑的珠玉、故宫的珍宝、官府的朝服朝冠、平民的金银首饰、便服便帽，五花八门。抢回的东西，挑出好的装车外运，余下的卖给中国商贩，再由他们拿到天坛西大门外设摊出售，昔日禁地成为一望无际的摊贩市场，人称"洋货市""洋破烂摊"。

光绪二十七年（1901年）八月初旬起，驻兵天坛的侵略军满载着珠宝古玩陆续撤离，十月初一日全行撤出。之后，太常寺官员随同善后防务大臣及奉宸苑该管司员、承修要工大臣前往天坛接收勘察，天坛内规制尚算完整（即建筑没有大的毁坏），斋宫、神乐署及其他库房陈设、器件大部遗失，乾隆朝精铸器件大部被掠。天坛仅祭器一项即损失1148件。太常寺存贮的金银祭器也均被洗劫一

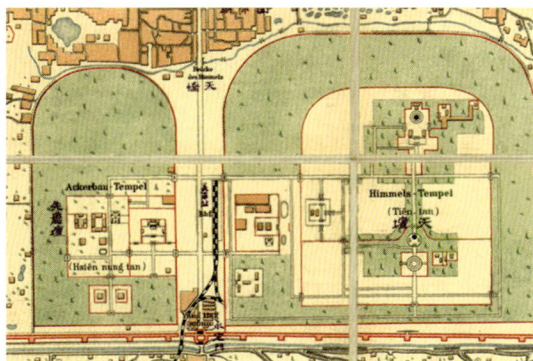

1901年老北京地图中的天坛火车站

载着外国士兵的火车停在天坛西坛墙外

空。在其后奏请天坛应行制补陈设祭器等项的清单中，不计软片至少应制补物1625件。天坛现藏各坛庙祭器，多有光绪朝款识，均为此后制补所得。但光绪朝祭器比之乾隆《皇朝礼器图式》、《大清五朝会典》所载的体量、制式、用料、花纹等，有很大出入。究为何因，有待考证。

（七）袁氏窃国复辟，重制祭天冠服

1912年2月12日，清朝末代皇帝逊位，大清帝国遂告灭亡。1912年3月10日，袁世凯就任临时大总统，1914年1月经政治会议通过，恢复祭天旧制。

为体现帝王尊荣，礼制馆颁布《祭祀冠服制》和《祭祀冠服图》，其中规定，祭天所用冠称为祭冠，所用服称为祭服，"均为临祭而设，惟求适宜相称，文采章施，厘然有序，用昭敬恪"。制定出了一套体现帝制意图的祭祀冠服。祭冠用爵弁制，祭服采用千古祭服之祖的"玄衣纁裳"制，其自大总统以下分为特任官、简任官、荐任官、委任官及士庶五等，以绣章数分等次。乐舞生服仿明制身绣葵花。

礼制馆还制定《祀天通礼》，其中规定的祭品与清代祀天祭品基本一致，袁世凯祭天时改用汽车灯、电灯，替代了清代祭天时使用的灯具，如木制朝灯、青羊角灯、庙儿灯等，并将圜丘坛望灯杆"南北二根灯杆伐掉，石台拆毁，只留下中间一根"。负责管理天坛的古物保存所更名为礼器保存所，隶属于内务部为恢复祭天礼制新成立的典礼司。

1914年冬至，袁世凯乘坐装甲车出离总统府，在天坛圜丘门改乘礼舆——双套马拉、装饰华美的朱金轿车，至昭亨门又改坐竹椅显轿，乘至圜丘外墙南棂星门外下轿，再由两名高级武官把他搀扶上圜丘坛拜位。这时袁世凯头戴爵弁，身穿祭服，随着身穿小葵花服的乐舞生们的奏乐声，率领各部官员举行祀天仪。

当时许多国外记者对这次祭祀进行了拍摄报道，也用影像为天坛记录下了最后一次祭天典礼。此次祭天典礼上使用的祭器、乐器都是清末留存的器具。现天坛馆藏文物中亦存有为此次祭天制作的祭祀冠服、乐舞生服等。

袁世凯祭天前，执事官们正在进行祀前陈设准备，桌上设尊、壶、爵、盘、筐

袁世凯祭天时，三层阶下陈设乐悬，乐生按仪程击打乐器

（八）民国政局动荡，文物南迁佚失

随着清帝退位，天坛由清朝典礼院移交民国政府内务部礼俗司掌管。天坛不再是皇家祀天的祭坛，1918年被辟为服务于大众的公园。库房中所存祭祀用品从此失去祭祀功能，全部作为古物保存起来。

明清时期对祭祀用物品的保管十分重视，但是随着1840年鸦片战争爆发，禁地天坛的大劫掠也由此开始，至新中国成立，天坛经历了庚子事变、抗日战争、解放战争时期三次大规模文物毁失。其中日军占领天坛期间，包括天坛管理人员在内的任何中国人不得进入天坛，由于记载的缺乏，文物损失情况无从知晓。

1931年"九·一八"事变爆发，顾及文物安全，国民政府开始计划将故宫博物院文物南运。1933年5月15日坛庙管理所奉内政部令，由中央博物院主持，将天坛窖藏古乐器及其他坛庙古乐器分装88箱，随同第五批古物南运。南运的天坛古乐器有编钟、编磬、镈钟、特磬、麾、建鼓、琴、瑟、排箫、箫、笛、埙、柷、笙、搏拊、木笏、旌节、旌球、干、戚、羽、籥等，共计190余件。天坛南迁文物88箱最终未见回归记录，其去向不得而知。

1948年（民国三十七年）新中国成立前夕，全国的战争状态已进入白热化。天坛再次遭受了一次劫难。8月2日突有由山西流亡至北平的学生205人将天坛祈年殿、皇乾殿、祈年门等处强行占住。学生日有增加，至9月先后居住者已达2000余人。为生活计，他们将古树锯烧，天坛陈列室、祭器库、木器库、乐器库、棕荐库等处封条撕毁，门锁砸开，坛内所有库房棕荐器物均被强掠一空，祭器乐器或被掠去，或被毁坏，抛弃院内，剩余铜鼎铜炉也多被砸毁，弃掷院内，狼藉满地。

天坛藏品经过这几次毁失，最后幸存的即是我们今日所见到的天坛文物藏品。

天坛藏品除祭祀功能的实用性外，更多代表和象征的是皇朝的尊严、以礼治国的政纲和执政者对天道对自然的一种态度。天坛文物藏品沿革脉络清晰，是天坛各时代大事件的具象反映，是研究天坛历史和明清礼制的实物佐证，因此这些文物除本身的祭祀研究价值外，也具备了史料研究价值，是天坛的一大宝藏。

二、祭器制造

天坛文物藏品，从用途分类，很大一部分是祭祀器物，不单包含祭天，还有祭地、祭日、祭月等皇家坛庙祭祀用器，这与天坛馆藏文物的历史经历有关。数量最多的仍是祭天器物，包括祭器、乐器、服饰、陈设、棕荐等。从其服务功能看，分为两类，一类用于平时供奉及祭日陈设，专事神明与祖先，祭器、陈设、棕荐、软片皆为这一功能器物。祭器包括玉、笾、豆、簠、簋、登、铏、尊、爵、盏、筐、俎等；陈设、棕荐包括灯、炉、壶、勺、盆、桶、五供、坐垫、靠背、扶手、拜褥、桌衣、案套、幄次等。另一类，是祭祀时用以交接神明的道具，乐器、祭服承担了这一职责。中和韶乐乐器含有编钟、编磬、镈钟、特磬、建鼓、搏拊、琴、瑟、柷、敔、笙等；祭祀服饰包括祭天乐舞生冠服、巾带、鞋靴等。

祭天祭器存量，从根本上由烧造数量决定（不计外因毁失），而烧造及陈设数量随祭天供奉坛位增减而变化，一般会比陈设数量多烧造一份备用。明朝永乐十八年（1420年）北京天地坛初建成，沿袭洪武十年（1377年）所定合祀仪制，每遇祭祀陈设27坛。分别为：大祀殿正殿3坛，合祀上帝、皇祇，仁祖配享（洪武三十二年改奉太祖配享；洪熙以后，改奉太祖、太宗同祀，增设1坛）；丹墀4坛，陈设大明、夜明及星辰2坛；外墙设东10坛，有北岳坛（永乐以后增附天寿山）、东岳坛、东镇坛、东海坛、太岁坛、帝王坛、山川坛、神祇坛、四渎坛，西10坛，有北海坛、西岳坛、西镇坛、西海坛、中岳坛、中镇坛、风云雷雨坛、南岳坛、南镇坛、南海坛。各坛共陈设祭天礼器1354件。（据《明会典》统计）嘉靖九年（1530年）全面更定祀典，定分祀仪，分建四郊，在天地坛南新建圜丘专门用于祭天。圜丘坛祭祀时设上帝位，专奉太祖配祀，并设从祀4坛，"计各坛太羹碗一，和羹碗二，毛血盘三，著尊一，牺尊一，山罍一，代簠簋笾豆之瓷盘二十八，饮福瓷爵一，酒盏四十，附余各一。"即每坛除烧造78件外，还各多烧一份备用。均"行饶州府如式烧解"。圜丘共陈设6坛，至少须烧造540件。

清制，每年冬至日祀皇天上帝，奉列祖列宗配，仍以大明、夜明、星辰、风云雷雨诸神从祀。配祀皇帝每朝增配一帝，到道光为

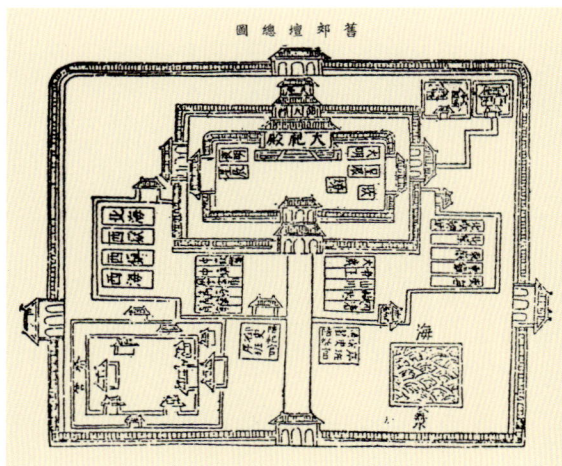

《明会典》永乐十八年大祀殿坛位设置

皇穹宇，是供奉圜丘祭祀正位配位神版的场所，
正位供奉为皇天上帝神版

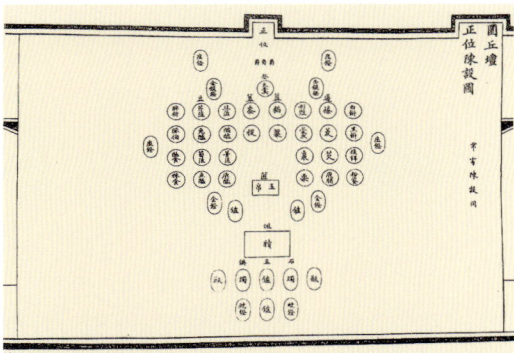

《清会典图》圜丘正位陈设图

止不再增配，共有 8 位。因此咸丰后祀天陈设祭器计 603 件。除祭器形制外，与明朝实无二制。

清代"凡坛、庙、陵寝需用祭器，照太常寺图式、颜色、数量，颁发江西烧造解（工）部，其动用钱粮知会户部给发。"（清雍正《大清会典》卷二〇一）

三、保管地点、保管人员及保管制度

祭祀物品的保管地点，清代分类保管较明代明确。明嘉靖改制后，圜丘东门外建有祭器库，所造祭器贮于库内。到清朝祭器库虽建制未变却已有明确的职能分工，《清史稿》记有："外壝门外……其东为祭器、乐器、棕荐诸库……"库各三间，西向，垣一重，门一，南向。此即后人所称三库。

天坛（常为圜丘坛祭祀代称）、祈谷坛祭祀应用分贮于不同处所。金
钟交内务府广储司收贮，每祭于祀前十日由乐部行文广储司领取，祀前一
日令太常寺承管人员领出备用，礼毕仍行文交回。陈设应用的金玉祭器，
祀前二日由祀丞、坛章京等官赴太常寺库领取。盛以红箱，覆以黄袱，龙
旗、御仗各一对前导，升送祭所，祭毕仍送交寺库。清代初期，坛、庙、
奉先殿祭祀所用瓷尊、爵、笾豆盘、毛血盘、羹碗项瓷器，均由内务府内
库备用，后来，祭器、乐器、棕荐等一律就近贮于坛库。

保管人员，清代坛庙官中天坛设有五品官一员，六品官七员，职掌各
处典守之事，轮流值日，朔望点香及祭祀时专司各门启闭，并收发祭器等
项。另外还设从七品奉祀一员、从八品祀丞一员，职掌各处库藏祭器，督
率坛户巡查扫拂殿宇地面，遇有应行修补者，查看呈报。官额如有缺出，
均须缮摺奏闻，由下拣补。

保管制度明清都十分严格，相较来说，清代的管理更为细致，记载更
为详尽。明永乐中开设器皿厂，厂内有祭器作，所有祭器数目由光禄寺一
年一题，送工部奏准，待器皿厂修造完备，再由该寺差人领用。清代凡祭
器皆著于册，由承办衙门造成后交太常寺典簿厅造册，然后收贮于库，以
备礼部详查。典守官专司总辖酌派赞礼郎、读祝官，分别担任稽查祭器等
职责，如遇应用时，该官员先要会同典守官及执掌人员，开库点收点发，
共同封闭上锁。祭器库的钥匙由稽查人员封固，交典守官收管。临祭祀时
验明开库，典守官不得自行开库。如遇赞礼官、读祝官有升迁离任之事，
要呈明经过及慎重审查选择接管人，并详细交代清楚，全部结卷立档。典
簿仍随时会同稽查上报。如有新收祭器，即将旧存祭器查验，一部分仍能
用的上缴内务府，不堪用者不能随意抛弃，由太常寺会同礼部及福建道御
史验看后燎瘗。

明朝律例：凡大祀丘坛而毁损者，杖一百，流二千里，墙门减二等。
若弃毁大祀神御之物者，杖一百，徒三年；遗失及误毁者各减三等。天地
等坛内，纵放牲畜作践，及私种耤田外余地，并夺取耤田禾把者俱问罪，
牲畜入官，犯人枷号一个月发落。

清朝律例则在明朝基础上更加细致：凡大祀丘坛而毁损者，不论故误，
杖一百，流二千里，墙门减二等，杖九十，徒二年半。若弃毁大祀神御之
物者，杖一百，徒三年，虽轻必坐；遗失及误毁者各减三等，杖七十，徒

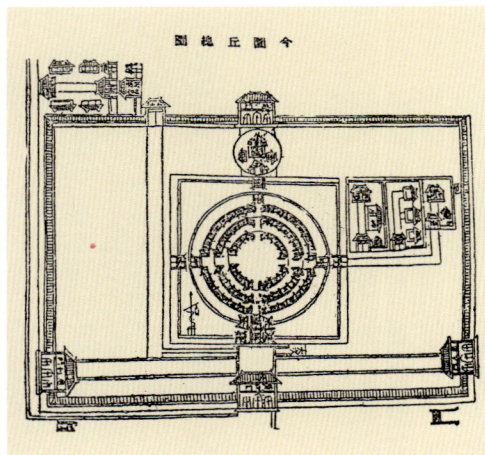

《明会典》嘉靖九年圜丘总图中建有三库

一年半，如价值重者，以毁弃官物科。

明清两朝对盗窃大祀神御物亦有刑律：凡盗大祀神祇御用祭器、帷帐等物及盗牺荐、玉帛、牲牢、馔具之属者皆斩，不分首、从，不分监守、常人（即已在殿内及已至祭所）而盗者。其祭器、品物未进神御，及营造未成，若已奉祭讫之物及其余官物（即虽大祀所用，非应荐之物）皆杖一百，徒三年。若计赃重于本罪（杖一百徒三年）者，各加盗罪一等，并刺字。因法制严明，两朝人为破坏造成的祭祀品物缺失极少，仅有盗窃事件发生。明朝成化十五年（1479年）九月己未（初六日），以大祀牲为厨役所窃，西厂校尉发其事，光禄寺卿艾福、少卿秦钟、寺丞顾祯、杨铭、胡恭等皆下狱坐赎杖还职。明朝嘉靖十三年（1534年）十一月癸亥（初一日），有盗窃圜丘祭器者。太常寺官因此参奏坛户郭纪及奉祀黄靖然疏怠之罪。世宗诏："祭器重事，而纪等不加慎守，以致失盗，命逮下法司讯治。"清朝嘉庆十二年（1807年）十一月，因天坛斋宫失火，延烧寝宫十间之事，嘉庆皇帝对失职官员严加惩戒，颁谕："朕向诣斋宫斋宿不需热炕，履将此旨向扎郎阿、明志二人谆谕，……乃扎郎阿、明志不将朕谕转向告诫，又不亲身前往稽查，以致斋戒之期不远，有不戒于火之事，是伊二人之咎较重，著交部严加议处……其奉祀吴存峻、坛户魏进潮、武周等，著交刑部审明定拟具奏。"嗣后，扎郎阿、明志加恩改为革职留任，拔去花翎，于祭祀时仍准戴用；扎郎阿并革去护军统领。为此事，是年十一月，天坛斋宫交内务府奉宸苑管理。

四、保护利用及文物回归

明清时期对祭祀器物的保护无疑是重视到无以复加的，其保护是出于对神明的敬畏和稳固皇权的需要，其使用功能和象征意义决定了它们在祭祀活动中的重要地位。自清帝逊位，封建王朝崩塌，这些祭祀器物已经悄然完成了功能性器具向古物藏品的转变。尤其是1918年天坛辟为公园开放，天坛也完成了从皇家祭坛向公众空间的转变，其祭天器具不再具有使用功能，它们的命运只有两种，不作为文物藏品在高阁中沉睡，就作为展览品在展台上诉说。但无论哪种命运，都已不具备不可替代的地位，如果没有认识到它的内在价值，就无法得到很好的保护和利用。

在"中华民国"建立的30余年间，天坛等清朝列入国家祀典的坛庙

祠寺，经历了从古物保存所到坛庙管理处到管理坛庙事务所再到天坛管理
处隶属管理关系的演变。由于民国政局动荡，战乱不断，管理疲弱，大祀
首位重要的天坛都只有管理员或办事员一人管理，其他等级稍低的坛庙祠
寺并无专人管理，且很多逐渐出租、外借甚至被占用，其祭祀陈设器物被
统一收归古物保存所或坛庙管理处存储，地址就在先农坛。

1925年（民国十四年），坛庙管理处因在先农坛的办公用地被驻军挤
占迁至天坛。天坛库房门窗俱损，克不严封。管理处为慎重起见，将库存
文物移往祈年殿、皇穹宇西庑存放。

1913年、1929年、1932年、1937年，这些祭器、乐器、软片等多次
被坛庙管理所临时陈列展出或原貌陈设于祈年殿、皇穹宇及配殿等殿堂，
后更专设陈列室，一方面供人参观，更多是为了增加用于公园维护的收
入。展出虽简单、简陋，但是这些古物实现了自身原始功能的彻底转变，
由祭祀转向了经济、教育。1949年9月19日在开国大典和中国人民政治
协商会议召开前夕，毛泽东主席陪同张元济等民主人士游览天坛时，即曾

祈年殿原貌陈展。天子祭天，其祖配之。祈年殿内根据《清会典》和清道光、咸丰《钦定太常寺则例》，按照清咸丰朝原状陈设，神位9座，正位"皇天上帝"神版设于殿内正中，两侧按昭穆制度陈设清代前8位皇帝神牌

参观过祈年殿西配殿的祭天礼器陈列室和"民国宪法展览"，听了介绍毛主席还轻蔑地说："袁世凯还跑到这里来做梦。"

新中国成立以后，国家对文物保护工作十分重视，虽然初期百废待兴，但天坛管理处仍陆续设置专人、专门部门对文物进行看护、管理。1979年皇乾殿举行了祭天文物陈展，游人热烈的反响让天坛的管理者意识到挖掘文化内涵、发挥天坛特色的重要性和必要性。20世纪80年代以后，沉睡的文物苏醒，文物走出了库房，天坛公园陆续布置了基于研究基础上体现天坛文化内涵的系列展览，1986年斋宫文物陈列，1988年皇穹宇恢复历史原貌陈设，1990年祈年殿院建筑群历史原貌恢复展出，1995年北神厨"乾隆与天坛"文物展览，1998年祈年殿西配殿"祭天礼仪馆"，2004年神乐署辟为"中国古代皇家音乐展馆"，2008年斋宫无梁殿布置"大祀斋戒展"，2012年祈年殿西配殿布置"祈年殿大展"、2015年北神厨北宰牲亭布置"天坛文物展"、2017年斋宫改陈"中轴线上的明珠"……天坛通过原状陈设与专题展览等多种展览形式，在展览中运用展演、多媒体演示（触摸屏、大屏幕）、现场讲解等方式，为游客展现了天坛深厚的历史文化。

近年来，国家倡导文化自信，每年拨划专项文物经费，斥资修缮、建设文物库房，力求文物得到更为科学的保护。"科学保护，合理利用"给这批失去祭祀功能的文物重新赋予生命，带给人们更多的知识性、趣味性，给每位游客心中留下深刻印象，从而在另一种意义上更好地管理和保护了这些坛庙文物。

1995年4月，一枚庚子事变中从天坛掠走的明鎏金铜编钟回归天坛，它昭示的是一段耻辱的历史，它的回归也是一种国力日强、国际交流加强的信号。历史文物所承载的文化信息只有在它的发祥地才能产生最大的效应，离开了文化母体的历史文物只能沦为摆设。天坛流散在外的文物很多，促成这些文物回归是对历史的尊重、对文化的尊重。根据联合国教科文组织对于保护世界文化遗产的有关规定和"在起源地保护文化遗产"的原则精神，相信在不久的将来，我们能欣然欢迎"游子"的回归，向天坛完整性再迈进一步。

第一部分

俎豆馨香　祭器载诚

俎豆馨香

祭器载诚

天坛馆藏文物大部分属于礼器，又主要为祭器、乐器。

礼器，也称『彝器』。指古代贵族进行祭祀、丧葬、朝聘、征伐和宴享、婚冠等活动时，举行礼仪所使用的器皿。

天坛馆藏文物大部分属于礼器，又主要为祭器、乐器。

礼器，也称"彝器"。指古代贵族进行祭祀、丧葬、朝聘、征伐和宴享、婚冠等活动时，举行礼仪所使用的器皿。

礼器产生之前，先民因为对自然地原始崇拜产生祭祀活动，盛放贡献品的器皿称祭器，而祭器最早源于远古时期人们的生活用具。祭祀神灵的贡献品主要是饮品和食品，祭器也就自然而然地从生活中的饮器食器演变而来。在很长的一段历史时期，祭器和人们的生活用具是混同使用的。比如祭器"豆"，远古时期人们用餐席地而坐，为了取食方便，盛放饮食的器皿都设有较高的底座，底座下阔而圆以图稳定，座上有颈，颈上为碗或盘，上覆以盖，外形如汉字"豆"的造型。《说文》："豆，古食肉器也。"即可解释豆的渊源。至后代，虽然随着桌案的出现，碗盘等平底器皿逐渐取代了高座器皿成为主要饮食器皿，但用于事神的某些祭器已有固定形制，逐渐与生活用具的形制和功能分离。

《礼记·礼运》"夫礼之初，始诸饮食。其燔黍捭豚，汙尊而抔饮，蒉桴而土鼓。"即掘地盛水为尊、以土块做槌击土堆而作乐，是最原始的礼乐仪式。夏朝"天下为家，各亲其亲"，于是"礼义以为纪"（《礼记·礼运》），礼仪制度逐渐建立。到了周代，周公把宗法制和政治制度结合起来，创立了一套完备的服务于奴隶制上层建筑的礼乐制度，并赋予礼乐以丰富的人文内涵。"礼"强调"别"和"异"，"乐"的作用是"和"与"同"。"礼"用于区分尊卑贵贱，即宗法制、继承制、等级制这种社会秩序的确立。"乐"则强调和谐，用以巩固内部团结。礼乐文化是从祭祀文化发展而来，奴隶主贵族用于祭祀、朝聘、宴享、丧葬等各种礼仪活动的祭器、乐器等器具，其功能已不再只是本义范畴，还用其"明贵贱，辨等列"，更多具有表示使用者身份等级的作用，是当时礼制的体现。"礼器"因器具服务于"礼"而得名。《礼记·乐记》"簠簋俎豆，制度文章，礼之器也。"指出礼器和礼制是礼的外在表现，礼器是礼的要素。"礼"字古作"豊"，即豆的象形字，后加"示"旁表义。

华夏儒家主张"以礼治国"，经典著作《周礼》、《仪礼》和《礼记》合称"三礼"，是礼乐文化的理论典章，对礼法、礼义、礼器作了最权威的记载和解释，对后世历代礼制有着深远的影响。礼乐文化传承至末代封建王朝，无论是清乾隆改制祭器、仿制乐器，还是民国袁世凯复辟议定祭器、祭礼、祭服制，也依然以"三礼"典章为蓝本集议。

在"礼"中，祭祀、丧葬、朝聘、征伐和宴享、婚冠等礼仪活动被概括为"五礼"，即吉礼（祭礼）、凶礼（丧礼）、军礼（行军、出征）、宾礼（朝觐、互聘）、嘉礼（婚宴、加冠）。五礼之用器皆为礼器，五礼有五器，凶礼之器，即衰绖之类；军礼之器，即兵戈之类；吉礼之器，即簠簋之类。五礼之中，"国之大事，在祀与戎。"（《左传·成公十三年》）是说国家的大事，最重要的是祀礼和军礼。祀礼礼器后世又称祭礼器，简称祭器（不同于早期祭器的含义）。祀礼关乎国运，其礼器的作用就更为重要，成为国之重器，是国家的象征。祭器被挪作他用，是国将衰亡的标志。《礼记·曲礼下》："大夫、士去国，祭器不逾竟。"大夫、士离开祖国，祭器不带出国境《礼记·王制》："大夫祭器不假；祭器未成，不造燕器。"大夫以上祭器自备，不能借用；凡祭器未制备则不得先制办日常用器。"凡国之玉镇大宝器藏焉，若有大祭、大丧，则出而陈之，既事，藏之。"（《周礼》）……典章记载，足见祭器于国家的重要性和上层社会对祭器的重视程度。自"三礼"形成，一直到清末，祭器一直是礼器中非常重要的一个组成部分。

早期祭器多为石制、木制和竹制。随着制造工艺水平的提高，商周时期出现了各种陶制、漆制、玉制、青铜制的祭礼器。瓷制祭礼器至北宋才见于礼志。祭器材质"或用金玉，以示贵重，或用陶匏，以重质素"，各有精义存乎其间。造型从单一的豆形器发展为盘形器、杯形器和尊形器等。种类发展更加多样，且造型精美，纹饰繁丽，内涵丰富。夏商周时期是我国历史上青铜器最为发达的时期，被称为"青铜时代"，因此又以青铜礼器制作最为精良。青铜礼器主要包括食器、酒器、水器和乐器，食器包括炊器和饮食器，主要有鼎、鬲、盂、簋、簠、敦、豆等；酒器包括饮酒器和盛酒器，主要有爵、角、斝、觚、觥、尊、壶、罍等。商周时代礼器的器形、名称因其精义存乎其中，多为后世各朝代所延承、效仿，引为经典。

只有明代，祭礼器的式样出现了异数，不再溯古仿制。洪武元年（1368年）诏制太庙祭器时，朱元璋说："礼顺人情，可以义起。所贵斟酌得宜，随时损益。近世泥古，好用古笾豆之属，以祭其先。生既不用，死而用之，甚无谓。孔子：'事死如事生，事亡如事存。'其制宗庙器用服御，皆如视生之仪。"他认为礼可以顺乎人情，只要斟酌得宜，可以随时增减修订，而近世泥古用笾豆祭祖的做法非常不可取，应如孔子所说"事死如事生"，祭器等都应使用和阳间同样的器具。于是"太庙器皿易以金造，乘舆服御诸物应用金者以铜代"，"酒壶盂盏皆八，朱漆盘碗二百四十"。至此太庙祭器不再因袭各代旧规，而代之以日用器皿，大致为盘碗、盂盏、酒壶之类。洪武二年（1369年）定祭器皆用瓷。洪武三年（1370年）礼部认为虽然郊祀用瓷制祭器符合三代"器用陶匏"的"尚质"本义，但簠、簋、登、铏器形皆用盘盂之属，不合古制，奏请更定，得到了皇帝的认可。但在万历朝《明会典》上仍记载圜丘陈设"登、铏以瓷碗代，簠、簋、笾、豆以瓷盘代。"只是代簠簋的瓷盘比代笾豆的稍大。考其小祀记载，尊也是用瓷瓷（罐）代替的。可见，洪武三年改祭器形制的奏请最终并未实施。其碗盘相代式样终明一代不曾改变，并一直沿袭至清初。至清雍正时亦曾考按经典，范铜为器。至清乾隆十二年（1747年）乾隆皇帝为了进一步融入汉文化，使满清更为正统，折中至当，仿古更定祭器规制，仍使用了商周延承而来的器形。

乾隆十三年（1748）正月丁亥（初二）定祀典祭器规制：凡祭祀用笾，竹丝编，绢里，髹漆，郊坛髹纯漆，太庙画文采；豆、登、簠、簋，郊坛用陶，太庙豆、簠、簋用木、髹漆、饰金玉，登用陶，铏范铜饰金；贮酒以尊，郊坛用陶，太庙春牺尊、夏象尊、秋著尊、冬壶尊、岁暮大祫山尊，均范铜；献以爵，圜丘、祈谷、常雩、方泽用匏，承以檀座，太庙爵用玉，两庑用陶，社稷正位玉爵一、陶爵二，配位用陶，日、月、先农、先蚕各坛之爵及社稷、日、月、先农、先蚕各坛之豆、登、簠、簋、铏、尊均用陶；前代帝王、先师及诸人鬼之祭，豆及登、铏、簠、簋、尊、爵用铜，不加金饰；凡陶必辨色，圜丘、祈谷、常雩用青，方泽黄，日坛赤，月坛白，社稷、先农黄；太庙登用陶，黄质，饰华采，余皆从白；盛帛以筐，竹丝编，髹漆，亦如器之色；铏式大小深广，均按旧制；载牲以俎，木制，髹丹漆；毛血盘用陶，从其色；皆由内务府办理。

天坛馆藏明清两代祭礼器近千件，有玉、笾、豆、簋、簠、登、铏、尊、爵、筐、俎、盏、碗、盘等。每种祭器的传承历史都源远流长，深含精义，体现着中国古代的天道观。

豆，是最古老也最为常用的祭器之一。最早为食肉用的容器。外形喇叭足细高颈，托碗状、盘状器，有盖。《尔雅》"木豆谓之豆，竹豆谓之笾，瓦豆谓之登。"此处豆指"豆"形容器，因制作材质不同而称谓不同，内部盛放的祭品也不同。郑注《乡射记》"豆宜濡物，笾宜干物。"即豆内部盛放的是偏濡湿的祭品，而笾里盛放的都是干品，因此材质上豆不能渗漏，笾要方便透气。明代以后最高等级大祀每案可陈设12只，盛放12种祭品。历代祭品有所出入，大体相同，为"齑【jī】、醢【hǎi】、菹【zū】、臡【ní】"类物，即各种腌菜、腌肉，便于贮存。肉品"有骨为臡，无骨为醢【hǎi】"，两两相配，气味相成。明代豆里盛放的祭品名为：韭菹（以韭切去本末，取中四寸）、菁菹（蔓菁）、芹菹（楚葵或芹菜）、笋菹、醯【xī】醢（猪肉鲊【zhǎ】，用盐酒料物调和）、鹿醢、兔醢、鱼醢、脾析（用牛百叶切细，汤熟，用盐酒造用）、豚拍【bó】（猪肩上肉）、酏食【yǐ sì】（用糯米饭、羊脂蜜熬制）、糁食（用牛羊豕肉细切，与粳米饭同熬）。

光绪朝制补的祭器中，将乾隆规制的"豆"、"登"基本形制互换，即绳钮为登，珠钮为豆，何因待考。

笾，竹编"豆"形器。器边缘或以绳缠束、编织，或髹漆，根据等级不同，缘的颜色、花纹各异。古代有的无盖，盖以巾，清代有盖。用笾盛放干制祭品，如干果、肉干、干粮。最高等级大祀每案可陈设12只，盛放12种祭品。明代为形盐、藁鱼、榛、菱（菱角）、枣、栗、芡（芡实）、鹿脯、白饼（白面造）、黑饼（荞粉造）、糗饵（米粉造）、粉

糍（糯米糍糕）。笾与豆配套使用，根据等级陈设数量相当。

《礼记·郊特牲》"鼎俎奇而笾豆偶，阴阳之义也。笾豆之实，水土之品也。不敢用亵味而贵多品，所以交于旦明之义也。"祭祀用鼎、俎为奇数，而用笾、豆为偶数，体现的是阴阳相和的精义。以盛牺牲体（毛色纯一的牲畜）为阳，故用单数；以盛水土制品为阴，故用双数。笾、豆所盛均为水生或陆生的四时物产，以煮盐之品为上，不能使用加调味品烹煮的美食，以多为贵，这才是供献神明的精义，有别于俗世人的食味之道。《礼记·礼器》中指出天子用豆26，诸公16，诸侯12，上大夫8，下大夫6，以等级尊崇度定陈设供享数量，以多为贵。

簋【guǐ】，最古老的祭礼器之一。《周礼·地官·舍人》"凡祭祀共簠簋"，簋皆与簠配套使用，"方曰簠，圆曰簋"。簋流行于商朝至东周，是中国青铜器时代标志性青铜器具。食器，古代器形大多圆或椭圆，侈口，深腹，圈足，双耳或无耳，少数有盖。器身多饰兽面纹，有的器耳做成兽面状。清代器形椭圆，有盖，和器身大小、形状相同，上下对称，体双耳，盖上有棱四出。用以盛黍、稷。

簠【fǔ】，最古老的祭礼器之一。簠出现于西周早期，主要盛行于西周末

春秋初。是先秦时期主要的青铜礼器组合之一。食器，器形方或长方。清代为长方形，口外侈，腹下收，下有四矩形短足，有盖，和器身大小、形状相同，上下对称，合则一体，分则为两个器皿，上下皆双耳，盖带棱。用以盛稻、粱。

簠、簋以方、圆配套使用，古代更是每器器形内外都以方圆制作，簋内方外圆，簠外方内圆，"以中规矩"，仍然体现的是阴阳相和的精义。但因这种单体上的方圆变化制作不便，后世制作一般都内外方圆一致，仅以簠、簋外形的方圆来体现阴阳。

登，外形类豆的陶制祭器，其形制较豆大。因为用其盛肉汤，因此有盖。用以盛放大羹（煮肉汁，不用盐酱），即不加调料的肉汤。

铏，也叫铏鼎，古代盛羹的小鼎，两耳三足，有盖，上有三峰。用以盛和羹，即加盐酱的肉汤，盛在铏里的羹也称铏羹。等级较登低。

尊，商周时期兴起的大中型盛酒用礼器。形式比较多样，大体形制为敞口，粗颈，圆腹或方腹，圈足。在《礼记·礼器》中，尊"以小为贵"、"以下为贵"、"以素为贵"，即以容量小的为贵；以接近地面为贵，如天子诸侯不用禁（放置酒尊的案），大夫用禁；以朴素、无纹饰色彩为贵，如牺尊用粗布巾幂盖。

《周礼订义》"郑锷曰：祭祀之礼，用鬯【chàng】以祼【guàn】，用齐酒以献，是以用尊彝之器。尊以盛五齐三酒，彝以盛郁鬯。尊则非惟宗庙用以献，且上及于天，故名曰尊。彝则常用以祼，故名曰彝。彝之为言常也。"古代盛酒礼器有尊、彝之分，用尊盛五齐三酒行献礼于天地、宗庙，用彝盛郁鬯酒行祼礼（酌酒灌地以祭）于宗庙。"尊"上达于天，更为尊崇，因此名"尊"。尊、彝各有其用，但又相互连称"尊彝"或共名"尊"，因尊在礼器中的重要地位，所以"尊"既代表所有祭祀礼器，也代表一套相应的礼制。《周礼》六尊为牺尊、象尊、著尊、壶尊、太尊、山尊，以不同的装饰或造型而命名。六彝为鸡彝、鸟彝、黄彝、虎彝、蜼【wèi】彝、斝【jiǎ】彝，各刻以鸡、鸟、蛇、虎等。六尊六彝用于四时祭祀，春夏用鸡彝、鸟彝、献尊、象尊，秋冬用斝彝、黄彝、著尊、壶尊，四时之间祀、追享、朝享则用虎彝、蜼彝、大尊、山尊。

贾公彦《周礼义疏》云："天地无祼，唯有五齐三酒实于八尊。"祭祀天地不行祼礼，只有宗庙之祭才行祼礼。礼义各有所重，是对祭献致敬的一种表现。因此祭祀天地不用彝，用尊，无盖，用疏布巾蒙盖，疏布巾为粗布，象天地质朴的属性。

尊内盛五齐三酒，"三酒"指事酒、昔酒、清酒三种已去滓之酒。事酒，为祭祀、宴宾等事而新酿之酒；昔酒，酿造时日稍长，无事而酿之酒；清酒，冬酿夏熟，酿造时日最久，祭祀之酒。若以酒味言，则事酒最薄，清酒最厚。"五齐【jì】"是相对于清酒而言的浊酒，按清浊度分为五等：泛齐，浆汁甚少，上面泛有浮沫；醴齐，浆汁稍多，但浆汁含于槽内，即汁滓相和之浊酒；盎齐，汁滓各半，但汁色葱白，即白色之浊酒；缇齐，汁多于滓，汁色红赤；沉齐，滓沉于下，汁在上而清。若以酒味而言，则泛齐最薄，沉齐最厚。若以酿造时间言，则泛齐最短，沉齐最长。

清乾隆改制时，根据《礼记》、《考工记》、《周礼》："祭天用瓦泰"、"泰，有虞氏之尊也"、"有虞氏尚陶"、"太尊，太古之瓦尊"等记载，因陶土烧制的尊代表天朴素的本质，钦定祭祀天地日月天神各坛、太庙东庑及文庙用尊的形制，如远古之太尊，瓷制，纯素，圆口，圆腹，无盖，惟多出牺首两耳，文庙用范铜；太庙正殿春夏秋冬时享用范铜牺尊（牺形底座，尊加其上）、象尊（象形底座，尊加其上）、著尊（殷尊）、壶尊，岁暮祫祭用山尊（夏后氏之尊）。

而天坛所存光绪款祭蓝釉尊有荷叶形盖，无牺首耳。在已掌握的史籍、档案中，未见庚子后制补祭器过程的记载和样式。权威如《大清五朝会典》下迄于光绪二十二年（1896年），书成时尚未发生庚子事变。光绪庚子后出现的荷叶形盖尊，是何渊源有待考证。

在清代后期，瓷质祭器之中青色一项使用祭蓝釉。祭蓝釉又名霁蓝釉，是一种高温碱釉，明清两代一直都有生产，主要造型为祭器和陈设用瓷，因被用做祭器的釉色，故又称"祭蓝"。传世的康熙实物茄皮紫尊，有素盖、有牺首耳，但乾隆改制时特别对尊盖有指示"不应安盖，不必配盖"，才变成无盖的牺首耳尊制式。《六经图》"祭天用瓦甒【wǔ】盛五齐"，《新定三礼图》"太尊……与瓦甒形制容受皆同"。太尊又称"泰尊"、"瓦大"、"瓦甒"，而瓦甒有盖无耳。推测，光绪二十七年（1901年）十月二十一日令制补祭器，其后十二月初七日便告祭圜丘，不仅当时国力空虚，小至牺首耳烧造工艺也耗时，为赶于祭祀前完成，省略了复杂的制作程序或工艺，采取了与康熙朝和远古"瓦甒"规制相似的形制，仍为效仿古"太尊"，但去牺首耳、保留盖。

匏爵，用匏所做的饮酒用礼器。匏，葫芦的一种，剖开一半可做舀水、酒的瓢。《礼记·郊特牲》"郊之祭也，迎长日之至也，大报天而主日也。兆于南郊，就阳位也。埽地而祭，于其质也。器用陶匏，以象天地之性也。"郊祀祭器用陶制、匏制，陶器是以火烧制而成，俭朴单纯，匏器更是非人功所为，贵在全素自然，因此用陶匏象征天地朴素的本性。匏爵是郊祀时才使用的礼器。明代至清乾隆朝以前，祭器使用上不是很讲究，圜丘用苍玉爵。实际古制，玉爵用于宗庙进献即祭享祖先时使用，不用于祭天。乾隆十三年（1748年）仿古改制钦定，皇天、上帝、列圣配位俱用匏爵。但并非匏制，仅取其古名，是剖椰壳的一半为碗形以盛酒，不雕刻，金里，下承以檀香坫，岐出三足，象爵形。祭祀时用于饮福受胙奠献。

爵，夏商周时期盛行的饮酒用礼器。古代器形如雀，"爵"通"雀"，因此得名。有青铜制和玉制。各时期爵的共同特点，有首、有尾、有柱、有足、有柄。乾隆十三年定，圜丘、祈谷、常雩、方泽用匏爵，太庙、社稷正位（爵一）用玉爵，太庙两庑、社稷正位（爵二）、社稷配位及日、月、先农、先蚕各坛用瓷爵；瓷色，圜丘、祈谷、常雩用青，方泽黄，日坛赤，月坛白，社稷、先农黄。外形前有倾酒的流（槽），后有收缩成雀尾状的尾口，中为杯，下有三足，上有二柱为耳，无柄。

盏，酒器。小碗形。低等级礼器。

玉帛牲牢，作为敬献神灵的物品，在祭天陈设中占有重要地位。承载奠献物的器皿也是祭礼器之一，包括筐和俎。

筐，盛物容器。古代有青铜制，明清皆为竹编，刷以黄色，长方形匣，带盖，内里、四边髹漆。根据祭祀对象等级，髹漆颜色各异，分青、黄、红、黑、月白五色。内盛玉、帛，玉放帛上。祭祀时用于奠献玉、帛。

玉，玉礼器的通称。古人认为玉是天地之精，天然的瑞器，能够使天地人参通，能"庇荫嘉谷、俾免水旱偏灾"，以之敬献神明，才能与神祇沟通，传达意志。

《周礼·春官·大宗伯》："以玉作六器，以礼天地四方。以苍璧礼天，以黄琮礼地，以青圭礼东方，以赤璋礼南方，以白琥礼西方，以玄璜礼北方，皆有牲币，各放其器之色。"古人认为礼神者，必象其类。苍璧，以苍色象天色，以圆形象天圜。黄琮，以黄色象地色，以方形或八边形象地方或地有八方，或以内圆外方象万物之宗聚。"礼东方以立春，谓苍精之帝。礼南方以立夏，谓赤精之帝。礼西方以立秋，谓白精之帝。礼北方以立冬，谓黑精之帝。"《文献通考》记"天以覆盖生民为德，四时各有盛时"，四时迎气，皆在四立之日，即古人以立春、立夏、立秋、立冬祭祀迎盛德之气。春为生，立春日，天之生育盛德在木位（木主东方），因此立春日，迎春于东郊。青圭，上尖下方，以其锐象春物初生，以礼东方。立夏，盛德在火（火主南方），以立夏日迎夏于南郊。半圭为璋，因夏时荞麦类作物枯死，是为半死，因此以半圭象夏物半死，以礼南方。立秋，盛德在金（金主西方），以立秋日迎秋于西郊。白琥，以玉刻伏虎形（白虎是西方之神），外形凶猛，以其象秋气肃杀，以礼西方。立冬，盛德在水（水主北方）。半璧为璜，古人认为"列宿为天文，草本为地文"，冬时草木枯落，地上无物，只有天上列宿可见，天地存半，因此以半圆象冬气闭藏，惟天半见。最崇高的六种玉礼器，从颜色到形态，无不体现了古人对天地、自然的观念、认识。

除六器外，因祭祀种类的多样，用以奠献的玉礼器还有多种，皆为六器的衍生品，其基本精义相近。等级最高，后世仍有延承的还有：四圭有邸、两圭有邸和圭璧。"四圭有邸"，是以圆璧为主体，四边各连一圭，以一玉制成，用以祭祀天和上帝（此祭为有故而祭）。"两圭有邸"，是以圆璧为主体，上下各连一圭，两圭象地数二，用其祀地（此祀地为祭神州地祇）、旅四望（旅，祭山为旅；国有故而祭，亦曰旅。四望，

为五岳、四镇、四渎）。因为天尊地卑，所以出圭用四、二之数相异。"圭璧"，以璧为主体，上出一圭。"圭璧五寸，以祀日月星辰。"春分朝日（祭日），秋分夕月（祭月），都用圭璧礼其神。

明代玉分三等：上帝，用苍璧；皇地祇，用黄琮；太社、太稷，用两圭有邸；朝日、夕月，用圭璧五寸。

清代玉分六等：上帝苍璧，皇地祇黄琮，大社黄珪，大稷青珪，朝日赤璧，夕月白璧。清乾隆祭器改制时，解释了朝日、夕月为何不用赤璋、白琥。"圭璧祀日月"，而赤璋用以礼南方、白琥用以礼西方，形制和含义都与圭璧不符，所以仅取象赤，白之色，换圆璧形，改以赤璧奉朝日坛、白璧奉夕月坛。乾隆改制时，璧皆有"好"（好即孔），但天坛的藏品皆无；乾隆黄琮中间厚两边薄，两边微微削尖，下正方有一角有纵理，如山形，以之象地，天坛现藏品则简而化之。考其渊源，推测为光绪朝庚子后制补时选料、制作仓促，故舍去精工，仅取其色、形精义而为，其中黄琮仍有山形花纹，仓促下与乾隆定制追求形神皆似亦属难得。

帛，指制帛，是官方特制的专供祭祀时使用的丝织品。按照祭祀对象的等级（大祀、中祀、小祀，正位、配位、从位），陈设制帛的品种、颜色不同。

明代帛分五等：郊祀制帛、礼神制帛、奉先制帛、展亲制帛、报功制帛，每等又按祭祀对象的象征性分色。郊祀制帛，郊祀正配位使用。上帝，用苍色；地祇，黄；配位，白。礼神制帛，社稷以下使用。社稷，黑；大明，赤；夜明、星辰、太岁、风云雷雨、天下神祇俱白；五星，五色；岳镇、四海、陵山随方色；四渎，黑；先农，正配位皆青；群神，白；帝王、先师皆白；旗纛，洪武九年定黑二、白五。奉先制帛，太庙使用。展亲制帛，亲王配享用。报功制帛，功臣配享用。洪武十一年（1378年）定，大祀、中祀用制帛，有筐，小祀不用制帛，只用牲醴。

清朝制帛分七等，比明代增加告祀制帛和素帛。郊祀制帛，天青、黄色两种，陈于圜丘、方泽正位；告祀制帛，天青，祈报、祭告时使用，陈于祈谷、常雩正位；奉先制帛，白色，陈于太庙、陵寝及圜丘、祈谷、常雩、方泽配位；礼神制帛，五色及各单色，陈于社稷、圜丘、方泽、常雩各从位，日、月、先农、先蚕、关帝、先医等诸庙；展亲制帛，白色，亲王配享使用，陈于太庙东庑；报功制帛，白色，功臣配享使用，太庙西庑及各祠；素帛，不织字，白色，历代帝王庙两庑、先医庙配位及两庑、贤良祠等祠。除素帛外均织满汉合璧两种文字。

玉、帛，明嘉靖九年（1530年）定，祀圜丘前期二日，锦衣卫备神舆香亭，太常官备玉帛匣（筐）及香盒，各设于奉天殿。次日，置玉帛于匣（筐），太常卿捧安舆内，皇帝三上香，行一拜三叩头礼毕，锦衣卫官校舁至天坛，太常卿奉安于神库。从贡献品送至祭所之前就皇帝亲为、隆而重之的礼仪上，可见玉帛礼器的重要程度，昭示着皇帝对与神对越的重视和诚敬。

俎，是盛放玉、帛以外另一种极为重要的贡献品——牺牲整只牲体的容器。祭祀时用单数。祭天行"进俎"礼时，内盛犊牛，由浇汤官持执壶向牛身上浇灌热汤，一时淑气四溢，歆享上帝祖宗。

牲牢，也叫"牺牲"。"牺"是指纯色的牲畜，"牲"指牛羊猪等。明代分三等：犊、羊、豕。按祭祀等级不同，使用种类和数量都有差别。圜丘，用苍犊；方丘，用黄犊；配位，各用纯犊；星辰，牛一，羊豕三；太岁，牛羊豕一；风云雷雨、天下神祇，羊豕各五；方丘配位、天下山川，牛一，羊豕各三……各坛庙牛羊豕数各不同。

清代共有四等：犊、特、太牢、少牢，色尚骍或黝。一等"犊"，是体格健壮无杂色且牛角不超过蚕茧大小的牛犊。《礼记·郊特牲》"犊未有牝牡之情，故云贵其诚悫也。"圜丘、方泽用犊。二等"特"，是纯色的大公牛，大明、夜明用特。三等"太牢"，指牛、羊、猪各一，三牲齐备，天神、地祇、太岁、日、月、星辰、云、雨、风、雷、社稷、岳镇、海渎、太庙、先农、先蚕、先师、帝王、关帝、文昌、火神、东岳、先医正位、都城隍，用太牢。四等"少牢"，只有羊、猪二牲，太庙西庑，文庙配哲、崇圣祠、帝王庙两庑，关帝、文昌后殿，直省神祇、社稷、先农、关帝、先医配位及群祀用少牢。

祭祀时，依坛位等级整套供奉笾、豆、簠、簋、登、铏（低等级用）、尊、爵、篚（内盛玉、制帛）、俎（内置牲牢）、盏（低等级用），各有功用，缺一不可，随坛位等级降低陈设数量递减。如：清代，天坛（指圜丘）正位供奉皇天上帝神版，笾豆案上陈设苍璧1、匏爵3、登1、簠2、簋2、笾12、豆12、篚1、俎1、尊1；配位，供奉努尔哈赤起前八位皇帝神牌，不设苍璧，其他陈设与正位相同；从位，东、西一坛各一坛，供奉大明、夜明之神，不设玉，每坛陈设陶爵3、盏20、笾10、豆10，其他与正位相同，东、西次坛各一坛，供奉星辰（五星、二十八宿、周天星辰）、云雨风雷，各坛陈设盏30、登1、铏1，其余与东西一坛相同。因事告祭，遣官行礼，不用玉，不进俎，笾豆案上用豆2、笾6。凡陶（瓷）器皆用青色，以象天色。

礼之所以可贵，贵在其精神实质。祭礼为历代国之首重，即贵在其本质是追求"返本尚初"，即返归本原、不忘其初，表达了对自然、对先祖、对先贤的尊重。如果不明礼之精义而徒具礼的形式，就成了巫祝或仅为一种仪式。俎豆玉帛很容易陈设，但这些礼器所蕴含的礼的精义却很难为人们所理解。它们承载了先人对天地、自然的理解和至诚的敬意。深知其所代表的礼的精神意蕴，不仅在古代是天子治理天下的依据，在当代也依然具有警示、指导意义。

1

祭蓝釉刻花豆

清光绪（1875-1908 年）

通高 25.6 厘米，口径 15.2 厘米

瓷质。圆口平唇，弧腹，喇叭形高足中空。腹依次为垂云纹、回纹，校（【xiáo】器物的脚。古人称"豆"中央直者手持部位为"校"）围波纹、金钣纹，足为波带戳纹。弧形盖，珠钮，子口。盖上饰星纹、垂云纹、回纹。器身外通施祭蓝釉。足内边缘阴刻"大清光绪年制"六字单行楷书款。

祭天礼器。祭天、祈谷、常雩等天坛大祀时使用，圜丘坛陈设于正位、配位及从位供案，祈谷坛陈于正位、配位。正位、配位陈设 12 只，清代分别盛韭菹、醓醢、菁菹、鹿醢、芹菹、兔醢、笋菹、鱼醢、脾析、豚拍、酏食、糁食 12 种祭品。从位陈设 10 只，祭品减酏食、糁食。告祭陈设 2 只，盛鹿醢、兔醢。

清光绪朝制补的瓷质祭器，纹饰虽按乾隆规制，但烧制时已有很多变形，今不论其如何变形，仍按乾隆规制描述。而乾隆规制皆仿自古青铜器，现代对古青铜器纹饰的称谓又与乾隆时叫法不同，如乾隆制式的"垂云纹"今称"窃曲纹"，"回纹"为"重环纹"，"波纹"为"垂鳞纹"，"雷纹"为"万字纹"，"雷级"为"万字级"等，今仍用乾隆称谓描述，用以体现其制作的原真性。

2

祭蓝釉刻花簠

清光绪（1875–1908 年）

通高 23 厘米，

口径 23 厘米 × 18.5 厘米

　　瓷质。椭圆体，平唇，弧腹斜收，椭圆高圈足。口饰回纹，腹为云纹，束为波带夔纹，足为星云纹、回纹。器身两侧附夔凤耳。盖弧形隆起，子口，饰回纹、云纹，顶为夔凤云纹。盖上有棱四出，饰凤纹。器身外通施祭蓝釉。足内正中阴刻"大清光绪年制"六字双行楷书款。

　　祭天礼器。圜丘坛正位、配位、从位，祈谷坛正位、配位及天神坛祭祀时陈设。每案 2 只，内盛黍、稷。

3

祭蓝釉刻花簠

清光绪（1875-1908 年）

通高 28.5 厘米，
口径 23.6 厘米 ×21.5 厘米

瓷质。长方体，平唇，器身四框斜壁，收成斗形，平底，两侧附夔龙耳，四侈矩形足。器身饰夔龙纹，束为回纹，足为云纹。盖四框斜壁，向上收成覆斗形，平顶，两侧附坛龙耳，子口，饰夔龙纹。盖顶四围斜出波状棱。器身外通施祭蓝釉。足底正中阴刻"大清光绪年制"六字双行楷书款。

祭天礼器。圜丘坛正位、配位、从位，祈谷坛正位、配位及天神坛祭祀时陈设，每案 2 只，用以盛放稻、粱。

祭蓝釉重环纹登

清光绪（1875-1908 年）
通高 29.8 厘米，口径 16.8 厘米

瓷质。圆口平唇，器身直壁折腹，喇叭形高足中空。腹依次为垂云纹、回纹（乾隆仿古礼器改制时称谓，今将此回纹称作"重环纹"），校围波纹、金钣纹，足为波带黻纹。弧形盖，交叉绳纹纽，子口，面饰波纹、重环纹。器身外通施祭蓝釉。足底近边缘阴刻"大清光绪年制"六字单行楷书款。

祭天礼器。圜丘坛正位、配位、从位，祈谷坛正位、配位及天神坛祭祀时陈设，每案 1 只。用以盛太羹。

5

祭蓝釉刻花锦纹铏

清光绪（1875–1908 年）

通高 28.5 厘米，口径 16.8 厘米

　　瓷质。圆口平唇，下腹内收，平底，三云状足，器身两侧饰牺形耳。口饰藻纹、回纹，腹为贝纹，足饰云纹。弧形盖，子口，面饰藻纹、回纹、雷纹。云状三峰饰以云纹，三峰间饰藻纹。器身外通施祭蓝釉。底书"大清光绪年制"六字双行楷书款。

　　祭天礼器。圜丘坛从位东次坛、西次坛及天神坛祭祀时使用。每案 2 只，内盛和羹。

6

祭蓝釉荷叶形盖尊

清光绪（1875–1908 年）

通高 40.2 厘米，口径 17.8 厘米

　　瓷质。直口，平唇，短颈，丰肩，收腹，隐圈足。荷叶形盖，子口，盖上刻荷叶茎脉纹，螺钮。器身外通施祭蓝釉。底书"大清光绪年制"六字双行楷书款。

　　祭天礼器。遇天坛大祀，圜丘坛正位、配位、从位及祈谷坛正位、配位陈设，用于盛放祭酒。

7

祭蓝釉双龙纹盘

清光绪（1875-1908 年）

高 6.5 厘米，口径 32.5 厘米

　　瓷质。敞口，弧腹，平底，圈足。内底刻双线弦纹，心刻暗花双龙戏珠纹，盘外壁刻缠枝花卉纹（莲、菊、牡丹）。器身内外通施祭蓝釉。盘底"大清光绪年制"六字双行楷书款。

　　祭天礼器。又称毛血盘，天坛大祀时用于盛放牺牲的毛血。

大清光绪年製

祭蓝釉盏

清光绪（1875—1908 年）

高 6.3 厘米，口径 10.9 厘米

　　瓷质。撇口，弧腹，深腹平底，圈足。器身外施祭蓝釉，内施白釉。底书"大清光绪年制"六字双行楷书款。

　　祭天礼器。圜丘坛从祀神位陈设，祭祀时盛清酒。

黄釉刻花豆

清光绪（1875-1908 年）

通高 26 厘米，口径 15 厘米

　　瓷质。圆口平唇，弧腹，喇叭形高足中空。腹依次为垂云纹、回纹，校围波纹、金钣纹，足为波带戳纹。弧形盖，圆钮，子口。盖上饰星纹、垂云纹、回纹。器身内外通施黄釉。足内阴刻"大清光绪年制"六字单行楷书款。

　　地坛正位、配位、从位，社稷坛正位、配位及先农坛、先蚕坛祭祀时陈设。

10

黄釉刻花簋

清光绪（1875–1908 年）

通高 23 厘米，口径 22.5 厘米 ×18.2 厘米

　　瓷质。椭圆体，弧腹斜收，椭圆高圈
足中空。口饰回纹，腹为云纹，束为波带蝛
纹，足为星云纹、回纹。器身两侧附夔凤
耳。盖弧形隆起，子口，饰回纹、云纹，顶
为夔凤云纹。盖上有棱四出，饰凤纹。器身
内外通施黄釉。足内阴刻"大清光绪年制"
六字双行楷书款。

　　地坛正位、配位、从位，社稷坛正
位、配位，先农坛、先蚕坛、地祇坛祭祀
时陈设，用于盛黍、稷。

黄釉刻花簠

清光绪（1875–1908 年）

通高 27 厘米，口径 25.7 厘米 ×21.2 厘米

　　瓷质。长方体，平唇，器身四框斜壁，收成斗形，平底，两侧附夔龙耳，四侈矩形足。器身饰夔龙纹，束为回纹，足为云纹。盖四框斜壁，向上收成覆斗形，平顶，两侧附耳，子口，饰夔龙纹。盖顶四围斜出波状棱，顶面纯素。器身内外通施黄釉。足内阴刻"大清光绪年制"六字双行楷书款。

　　地坛正位、配位、从位，社稷坛正位、配位，先农坛、先蚕坛、地祇坛祭祀时陈设，用于盛稻、粱。

12

清光绪（1875-1908 年）

通高 30 厘米，口径 16.5 厘米

瓷质。圆口平唇，器身直壁折腹，喇叭形高足中空。腹依次为垂云纹、回纹（今称"重环纹"），校围波纹、金钣纹，足为波带簋纹。弧形盖，交叉绳纹纽，子口，面饰波纹、重环纹。器身内外通施黄釉。足内阴刻"大清光绪年制"六字单行楷书款。

地坛正位、配位、从位，社稷坛正位、配位，先农坛、先蚕坛、地祇坛祭祀时陈设，用于盛太羹。

黄釉重环纹登

13

黄釉刻花锦纹铏

清光绪（1875-1908 年）

通高 29 厘米，口径 15 厘米

　　瓷质。圆口平唇，下腹内收，平底，三云状足，器身两侧饰牺形耳。口饰藻纹、回纹，腹为贝纹，足饰云纹。弧形盖，子口，面饰藻纹、回纹、雷纹。盖顶云状三峰，饰以云纹，峰间饰藻纹。器身内外通施黄釉。底阴刻"大清光绪年制"六字双行楷书款。

　　地坛从位，社稷坛正位、配位，先农坛、先蚕坛、地祇坛祭祀时，用于盛和羹。

黄釉双牺耳盖尊

清光绪（1875-1908 年）

通高 37 厘米，口径 16.6 厘米

　　瓷质。直口，平唇，丰肩，收腹，隐圈足，宝珠钮盖，肩上两耳牺首形。器身内外通施黄釉。底书"大清光绪年制"六字双行楷书款。

　　盛酒具。社稷坛正位、配位祭祀时使用。

黄釉荷叶形盖尊

清光绪（1875-1908年）

通高41厘米，口径17.7厘米

　　瓷质。直口，平唇，短颈，丰肩，收腹，隐圈足。荷叶形盖，子口，盖上刻荷叶茎脉纹，螺钮。器身外通施黄釉。底书"大清光绪年制"六字双行楷书款。

　　盛酒具。地坛正位、配位、从位及先农坛、先蚕坛祭祀时使用。

16

黄釉爵

清光绪（1875-1908 年）
通高 16 厘米，口径 17.5 厘米 ×7 厘米

　　瓷质。平口，前部流口尖收，尾部弧腹圆收，杯部圆柱形，深腹，平底，柱耳，三棱形柱足外侈三出。器身内外通施黄釉。

　　地坛从位，先农坛，先蚕坛，社稷坛正位、配位祭祀时陈设，用于献酒。

17

黄釉双龙纹盘

清光绪（1875-1908 年）

高 6 厘米，口径 32 厘米

　　瓷质。敞口，弧腹，平底，圈足。内底刻双线弦纹，心刻暗花双龙戏珠纹，盘外壁刻龙戏珠纹。器身内外通施黄釉。底阴刻"大清光绪年制"六字双行楷书款。

　　古称毛血盘。地坛、社稷坛、先农坛、先蚕坛祭祀时，用于盛牺牲毛血。

18

黄釉盏

清光绪（1875-1908 年）

高 6.5 厘米，口径 10.8 厘米

　　瓷质。撇口，弧腹，深腹平底，圈足。器身外施黄釉，内施白釉。底书"大清光绪年制"六字双行楷书款。

　　祭地礼器。地坛从位祭祀陈设。

藕荷釉刻花豆

清光绪（1875-1908 年）

通高 25.5 厘米，口径 15.5 厘米

　　瓷质。圆口平唇，弧腹，喇叭形高足中空。腹依次为垂云纹、回纹，校围波纹、金钣纹，足为波带黻纹。弧形盖，珠钮，子口。盖上饰星纹、垂云纹、回纹。器身内外通施藕荷釉。足内阴刻"大清光绪年制"六字单行楷书款。

　　祭日礼器。日坛祭祀陈设。

20

藕荷釉刻花簠

清光绪（1875–1908 年）

通高 23.5 厘米，口径 22.7 厘米 ×18 厘米

　　瓷质。椭圆体，弧腹斜收，椭圆高圈足中空。口饰回纹，腹为云纹，束为波带黻纹，足为星云纹、回纹。器身两侧附夔凤耳。盖弧形隆起，子口，饰回纹，面为云纹，顶为夔凤云纹。盖上有棱四出，饰凤纹。器身内外通施藕荷釉。足内阴刻"大清光绪年制"六字双行楷书款。

　　祭日礼器。日坛大祀陈设，每案 2 只，内盛黍、稷。

藕荷釉刻花簠

清光绪（1875-1908 年）
通高 28.5 厘米，口径 25.6 厘米 ×21.6 厘米

瓷质。长方体，平唇，器身四框斜壁，收成斗形，平底，两侧附夔龙耳，四侈矩形足。器身饰夔龙纹，束为回纹，足为云纹。盖四框斜壁，向上收成覆斗形，平顶，两侧附耳，子口，饰夔龙纹。盖顶四围斜出波状棱。器身内外通施藕荷釉。足内阴刻"大清光绪年制"六字双行楷书款。

祭日礼器。日坛大祀陈设，每案 2 只，用以盛放稻、粱。

藕荷釉重环纹登

清光绪（1875—1908 年）

通高 30.5 厘米，口径 16.5 厘米

　　瓷质。圆口平唇，器身直壁折腹，喇叭形高足中空。腹依次为垂云纹、回纹（今称"重环纹"），校围波纹、金钣纹，足为波带戤纹。弧形盖，交叉绳纹纽，子口，面饰波纹、重环纹。器身内外通施藕荷釉。足内阴刻"大清光绪年制"六字单行楷书款。

　　祭日礼器。日坛大祀陈设，用于盛太羹。

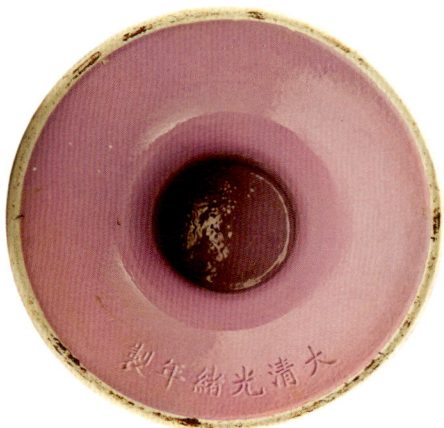

23

藕荷釉刻花锦纹铏

清光绪（1875-1908 年）

通高 28 厘米，口径 17 厘米

　　瓷质。圆口平唇，下腹内收，平底，三云状足，器身两侧饰牺形耳。口饰藻纹、回纹，腹为贝纹，足饰云纹。弧形盖，子口，面饰藻纹、回纹、雷纹。盖上云状三峰，峰间饰藻纹。器身内外通施藕荷釉。底，阴刻"大清光绪年制"六字双行楷书款。

　　祭日礼器。日坛大祀陈设，每案 2 只，内盛和羹。

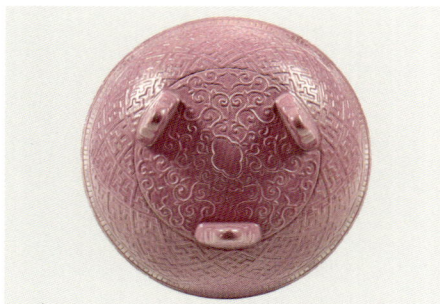

藕荷釉荷叶形盖尊

清光绪（1875–1908 年）

通高 44.5 厘米，口径 17.7 厘米

　　瓷质。直口，平唇，短颈，丰肩，收腹，隐圈足。荷叶形盖，子口，盖上刻荷叶茎脉纹，螺钮。器身外通施藕荷釉。底书"大清光绪年制"六字双行楷书款。

　　祭日礼器。日坛大祀，陈于尊桌，用于盛酒。

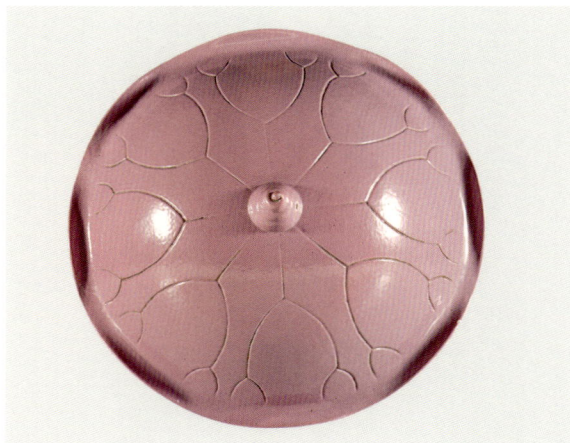

25

藕荷釉双龙纹盘

清光绪（1875–1908 年）

高 5.8 厘米，口径 31.5 厘米

瓷质。敞口，弧腹，平底，圈足。内底刻双线弦纹，心刻暗花双龙戏珠纹，盘外壁刻缠枝花卉纹（莲、菊、牡丹）。器身内外通施藕荷釉。底"大清光绪年制"六字双行楷书款。

祭日礼器。日坛祭祀时，用于盛放牺牲的毛血。

26

藕荷釉盏

清光绪（1875-1908 年）

高 6.5 厘米，口径 10.8 厘米

瓷质。撇口，弧腹，深腹平底，圈足。器身外施藕荷釉，内施白釉。底书"大清光绪年制"六字双行楷书款。

祭日礼器。日坛大祀陈设。

月白釉爵

清光绪（1875-1908 年）

通高 16.5 厘米，口径 18 厘米 ×7.5 厘米

　　瓷质。平口，前部流口尖收，尾部弧腹圆收，杯部圆柱形，深腹，平底，柱耳，三棱形柱足外侈三出。器身内外通施月白釉。

　　祭月礼器。月坛正位、配位祭祀时陈设。

铜
豆

清乾隆（1736－1795 年）

通高 26 厘米，口径 15 厘米

　　铜质。圆口，器身直壁折腹，喇叭形高足中空。腹为垂云纹、回纹，校围波纹、金钣纹，足为波带黻纹。弧形盖，交叉绳纹纽，子口，面饰波纹、回纹。足外缘阳文篆刻"大清乾隆年制"六字单行篆书款。盖里篆刻"大清乾隆年制"六字三行篆书款。

　　历代帝王庙、传心殿正位、先师庙、先医庙、关帝庙、文昌庙、都城隍庙，黑龙潭、玉泉山、昆明湖三龙神祠祭祀时陈设。

29

铜簠

清乾隆（1736－1795 年）

通高 24.5 厘米，口径 23.2 厘米 ×18 厘米

　　铜质。椭圆体，器身直壁弧腹，椭圆高圈足中空。器身饰回纹、云纹、瓦棱纹，束为波带觳纹，足为星云纹、回纹。器身两侧附夔凤耳。盖直壁斜收，顶微隆，子口，饰回纹、云纹，顶为瓦棱纹、夔凤云纹。盖上有云状棱四出，饰凤纹，可却置。盖、器对铭，盖里、足底皆阳文篆刻"大清乾隆年制"六字三行篆书款。

　　历代帝王庙，先师庙，先医庙，关帝庙，文昌庙，都城隍庙，黑龙潭、玉泉山、昆明湖三龙神祠祭祀时陈设。

铜簠

清乾隆（1736-1795 年）

通高 23.2 厘米，口径 26.3 厘米 ×21 厘米

铜质。长方体，器身四框斜壁，收成斗形，平底，两侧附夔龙耳，四侈矩形足。器身饰夔龙纹，束为回纹，足为云纹。盖四框斜壁，向上收成覆斗形，平顶，两侧附坛龙耳，子口，饰夔龙纹。盖顶四围斜出波状棱。盖、器对铭，盖里、足底皆阳文篆刻"大清乾隆年制"六字三行篆书款。

历代帝王庙、先师庙、先医庙、关帝庙、文昌庙、都城隍庙，黑龙潭、玉泉山、昆明湖三龙神祠祭祀时陈设。

31

铜铏

清乾隆（1736–1795 年）

通高 26 厘米，口径 16.4 厘米

　　铜质。直壁深腹，下腹内收，平底，下出三云状足，器身两侧饰牺形耳。按制式口饰藻纹、回纹，腹为贝纹（今称"龟背纹"），足饰云纹。弧形盖，子口，面饰藻纹、回纹、雷纹（今称"万字纹"）。盖上出云状三峰，饰以云纹，盖顶三峰间饰藻纹。盖、器对铭，盖里、足底皆阳文篆刻"大清乾隆年制"六字三行篆书款。

　　历代帝王庙，传心殿，先师庙正位、配位、哲位，崇圣祠正位，先医庙正位、配位，太庙两庑，关帝庙、文昌庙、都城隍庙祭祀时陈设。

双鹿耳铜尊

清乾隆（1736–1795 年）

高 27.4 厘米，口径 16.7 厘米

　　铜质。直口，丰肩，收腹，平底，肩上两耳鹿首形。底阳文篆刻"大清乾隆年制"六字三行篆书款。

　　历代帝王庙、传心殿、先师庙、先医庙、关帝庙、文昌庙、都城隍庙，黑龙潭、玉泉山、昆明湖三龙神祠祭祀时陈设。

双鹿耳铜尊

33

铜爵

清乾隆（1736-1795 年）

通高 17.4 厘米，口径 16.9 厘米 ×7 厘米

　　铜质。流口尖收，尾部上翘，深腹，圆底，双柱，柱帽呈菌形，三棱形足外侈。杯腹饰雷纹填地的饕餮纹。底部阳文篆刻"大清乾隆年制"六字三行篆书款。

　　历代帝王庙、传心殿、先师庙、先医庙、关帝庙、文昌庙、都城隍庙、黑龙潭、玉泉山、昆明湖三龙神祠祭祀时使用。

34

匏爵

清光绪（1875-1908 年）

通高 17.5 厘米，口径 12.1 厘米

　　器分为两部分。上杯部为剖椰壳的一半而成，圆口圆唇弧腹圜里，银里涂金。下有爵砧，阔口，束颈，鼓腹，三足外侈。椰壳底部阴刻"大清光绪年制"六字三行篆书款。

　　天坛正位、配位，祈谷坛正位、配位，地坛正位、配位祭祀时陈设。

碧
玉
爵

清中晚期

通高 17.7 厘米，口径 17.6 厘米 ×7.1 厘米

　　碧玉。椭圆口，流部、尾部微上翘，流口略尖，杯部圆柱形，深腹，平底，柱耳，四棱形柱足三出。其造型、纹饰皆仿青铜器。

　　太庙祭祖、社稷坛祭祀土神和谷神时陈设玉爵。

竹筐

清咸丰（1851-1861 年）

通高 29 厘米，通长 79.8 厘米，通宽 21.8 厘米

　　长方体，面竹编，足、边框皆木胎，外髹红漆，盖子口。盖内、足底撰"大清咸丰年制"六字三行篆书款。

　　清乾隆改制以后，筐的制式因祭祀供奉处所不同而以四周髹漆的颜色来区别：天坛用青色，日坛、历代帝王庙、先师庙、先医庙、传心殿、太庙两庑用红色，月坛用月白色，地坛、太庙前后殿、奉先殿、社稷坛、先农坛、先蚕坛用黄色，天神坛、地祇坛、太岁坛、关帝庙、文昌庙、都城隍庙、黑龙潭玉泉山昆明湖三龙神祠用黑色。又根据供奉神祇的祭祀等级不同而尺寸有别，差等若干。此件筐为日坛祭祀陈设。

37

苍璧

清

直径 15.9 厘米

　　和田玉，圆形，墨绿色，间深色斑纹。

　　祭天礼器。《周礼·春官·大宗伯》以苍璧礼天注："礼神者必象其类，璧圆象天。疏：苍玄皆是天色，故用苍也。"苍璧颜色近于天，因而古代皆以苍璧祀天。明清两朝天坛大祀，皇帝皆亲奉苍璧行礼。

黄琮

清

长 13.5 厘米，宽 13.5 厘米

和田玉。方形，中间厚，四边略薄，天然纹理如山形，以其象地。

祭地礼器。《周礼·春官·大宗伯》："以黄琮礼地。"疏："地用黄琮，依地色。"地坛祭祀时，正位陈设。

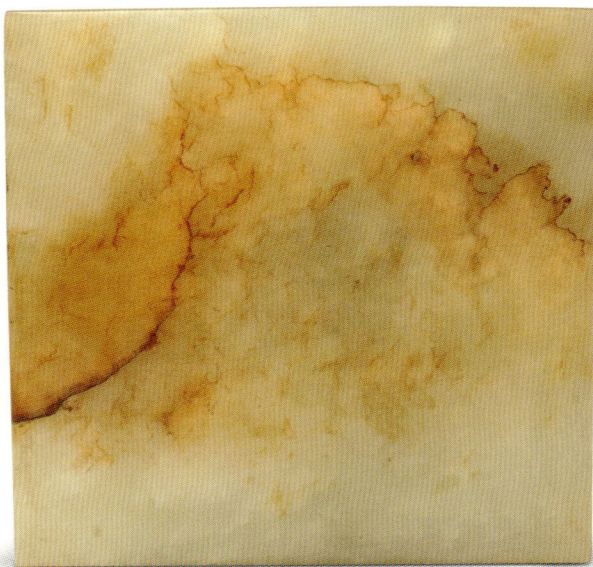

赤璧

清中后期

直径 15 厘米

　　和田玉质。

　　祭日礼器。朝日坛（今日坛）祭祀陈设。清乾隆朝根据《周礼》"以赤璋礼南方"、"半圭曰璋"，认为赤璋并非用于祭日，其形制与"日"不符，又有"圭璧以祀日月星辰"的记载，因此将朝日坛用赤璋祭祀古制改为用赤璧。

白璧

清中后期

直径 12.8 厘米

和田玉。圆形，玉质白润。

祭月礼器。夕月坛（今月坛）祭
祀陈设。清乾隆朝根据《周礼》"以白
琥礼西方"、"琥猛象秋严"、"以玉
长九寸广五寸刻伏虎形，高三寸"，认
为白琥并非用于祀月，且形制与"月"
不符，因此将夕月坛用白琥祭祀旧制
改为用白璧。

第二部分

玉振金声　乐器弘德

玉振金声

乐器弘德

乐器，是人类很早就拥有的精神财产，随着人类的进步而不断丰富。自远古以降，能够发出乐音、并能进行音乐艺术再创造的器具，统称为乐器。而夏商周时期，随着礼仪制度建立，与礼相配合而存在的音乐舞蹈，也形成了礼乐制度，按人们的身份、等级来规定在祭祀、宴享等重大典礼时可以相应享用的乐队、乐器编制和舞队规模。

乐器，是人类很早就拥有的精神财产，随着人类的进步而不断丰富。自远古以降，能够发出乐音，并能进行音乐艺术再创造的器具，统称为乐器。而夏商周时期，随着礼仪制度建立，与礼相配合而存在的音乐舞蹈，也形成了礼乐制度，按人们的身份、等级来规定在祭祀、宴享等重大典礼时可以相应享用的乐队、乐器编制和舞队规模。因此，只在祭祀、朝会、宴享、丧葬等重大活动时使用，代表权力象征的乐器，又被称为乐礼器，如钟、磬之属，已不同于早期"无差别待遇"乐器和民俗乐器、外来乐器。后世在分类时有的将其归于礼器，与祭器、冠服、卤簿等相并列，如清乾隆朝钦定礼器典章，纂绘《皇朝礼器图式》，将为礼仪典章服务的礼器分为六类：祭器、乐器、冠服、卤簿、仪器、武备。还有的，因"礼制""乐制"并行发展，将乐器与礼器并列为两个品类，乐器的范畴就更为广泛。

《礼记·乐记》："乐者，天地之和也；礼者，天地之序也。"古代先贤制定礼乐制度，进行礼乐教化，用以维护社会等级秩序状态下的人伦和谐。乐礼器是礼乐制度的展现形式之一，与祭礼器一样，是国家政权的象征，也是国之重器。

西周初年制定而后不断发展的雅乐体系，融礼、乐、歌、舞为一体，只在祭祀天地、祖先和朝会、宴享时使用。"乐尚雅何？雅者，古正也，所以远郑声也。"古人认为，用于国家祭祀和重大礼仪活动的乐舞属于"正乐"，应该是中正平和、匡正人心、符合礼数、远离淫靡之音的正统音乐。这些乐舞由于长期和礼制紧密结合，典礼仪式性特征强烈。乐队中虽然也有丝竹乐器，但以钟、磬为主，是金石之乐。雅乐表演时，舞人俱进俱退，整齐划一，闻鼓而进，击铙而退，文武有序，气氛庄重。这一礼乐体系从周至汉、唐、宋、元均称为雅乐，发展至明初，朱元璋根据雅乐中正平和的乐理特点和思想理念，将雅乐更名为中和韶乐，并沿袭至清代。

西周雅乐的出发理念是"以德配天"，将乐舞向礼仪性发展，使乐舞保持了肃穆、崇高的特征。《左传·襄公二十九年》季札观《韶簘》（舜时所作的乐舞《韶》，又称《箫韶》或《韶簘》，是远古时代一部著名的乐舞作品）惊呼："德至矣哉！大矣，如天之无不帱也，如地之无不载也！虽甚盛德，其蔑以加于此矣。观止矣！若有他乐，吾不敢请已！"赞美《韶簘》是最令人叹为观止的至德乐舞，就如同苍天无不覆盖，大地无不承载，就算是盛德之至，也是无以复加了。因为《韶簘》受到广泛地推崇，故在中国古汉语里"韶"的意思也被定义为美好，在远古时就有人将雅乐称为韶乐。东汉郑玄称："韶之言绍也，言舜能继绍尧之德。"中和韶乐的定名即取《箫韶》古意。

雅乐沿袭了数千年，受到历代王朝的尊崇。至明代，中和韶乐一脉相承，其乐音纯正，舞姿庄重，颂词唯美，具有教化民众、移风易俗的社会功能，被儒家学者和统治者认为是最和谐完美、最具伦理道德的音乐，称为"德音雅乐"，尊为"华夏正声"。天坛大祀是国家最高等级的祭祀典礼，使用中和韶乐的乐器编制也级别最高。

雅乐等级森严，以钟、磬等乐器数量以及演奏者的多少作为等级标志，其编制原则千年不变。如乐悬，钟、磬因需悬挂起来演奏，所以也称为乐悬。周代乐悬分四等，即王用宫悬，即四面悬；诸侯（太子）用轩悬，去一面，为三面悬；卿大夫判悬，为两面悬；士用特悬，为一面悬。

雅乐乐器编制虽因等级不同各器数量不一，但都必须具备八音才能称为正统雅乐，即整套具备八种材料制造的乐器方成体系，八种材料为金、石、丝、竹、土、木、匏、革。金属乐器特指钟、镈、铙等，石属为磬，丝属为琴、瑟（以蚕丝做弦），竹制的箫、篪、笛，匏属笙、竽，土属埙，革制的鼗、雷鼓、建鼓、搏拊，木属柷、敔。《国语·周语下》"夫政象乐，乐从和，和从平。声以和乐，律以平声。金石以动之，丝竹以行之，诗以道之，歌以咏之，匏以宣之，瓦以赞之，革木以节之，物得其常曰乐极，极之所集曰声，声应相保曰和，细大不逾曰平。如是，而铸之金，磨之石，系之丝木，越之匏竹，节之鼓而行之，以遂八风。于是乎气无滞阴，亦无散阳，阴阳序次，风雨时至，嘉生繁祉，人民龢利，物备而乐成，上下不罢，故曰乐正。"（施政就像奏乐，奏乐要求和谐，和谐要求均平。五音用来和谐乐调，十二律用来均平音声。钟磬启动乐音，琴瑟笙箫形成曲调，诗句用以表达，歌声用以咏唱，笙竽发出和声，埙缶加以装饰，鼓柷规范节拍。各种乐器都能发挥作用称为乐极，所发出的声响汇集在一起称为乐音，乐音和谐相应称为和，高低音声不相干扰称为平。如此，用金属铸成钟，以石磨成磬，组合丝木为琴瑟，穿凿匏竹为笙箫，用鼓声调节而演奏起来，以与八方之风相应。于是阴气不郁积，阳气不散乱，阴阳有次序，风雨按时降，福祉频至，民众多利，品物齐备而乐音和谐，上下逸乐，这就叫乐正。）《国语》说出了使用八音的原因、效果和目的。"八音克谐，无相夺伦，神人以合。"（《尚书·舜典》）不同材质、音色的乐器能够配合的完美和谐，不失伦次，神人才能相合。从周朝开始，雅乐乐队编制就八音俱全，到唐宋时期编制更为庞大。

明洪武年间，雅乐改名为中和韶乐，并去掉了前代的宫悬，雅乐编制规模大为减小，但依然八音俱全。洪武元年（1368 年）定，郊丘用乐工 62 人，所用乐器：编钟、编磬各一簨【jù】，每簨各十六枚（悬挂钟磬的木架，其两侧的柱叫簨，悬挂的横梁叫簨【sǔn】），琴十、瑟、搏拊各四，柷、敔各一，埙、箎、笛各四，箫、笙各八，应鼓一，歌二十二，协律郎一人执麾以引。七年（1374 年）又增箎、凤笙各四，埙二，搏拊减为二，共 72 人。

清代中和韶乐乐器共有 16 种，每种乐器在朝会中使用 1 至 8 件不等，在重要祭祀（包括大祀和中祀）中，按等级依次降等减量。用于坛庙者，乐器设：镈钟一、特磬一、编钟十六、编磬十六、建鼓一、箎六、排箫二、埙二、箎十、笛十、琴十、瑟四、笙十、搏拊二、柷一、敔一、麾一。这些乐器都是华夏本土乐器，在唐代由于国际交往增多，曾一度增加了一些西域流传过来的乐器充实雅乐。但至宋代很多学者对这些增加的乐器提出异议，认为破坏了华夏音乐纯正，失去了传统的特点，这些

新增加的乐器又被取消了。故宋以后的雅乐、中和韶乐仍然保持了西周以来的八音乐器，维护了华夏音乐立足于本土的特点。

清代与明代乐器编制的根本差别即在明代及清初期的中和韶乐乐器不设镈钟、特磬。其主要原因是清乾隆二十六年（1761 年）以前，乐器编制悉仿明代，而镈钟、特磬的编制虽历代乐志均有记载，唯明代空缺，清无可仿。至乾隆二十四年（1759 年）出土了周代镈钟 11 圜，又恰逢国朝平定准、回两部，皆以为出土镈钟是为瑞应，得此镈钟，乾隆皇帝欣喜非常，历来“王者功成而作乐”，命将其缺失一圜依式补铸成十二律。为了这套镈钟，特意将“蓬瀛在望”更名为“韵古堂”，专以悬挂贮存。乾隆皇帝同时命乐部仿铸，仿制镈钟整套铜质镀金十二圜，以应十二律，每钟一架，于乾隆二十六年（1761 年）制成，并制作数套，分藏各处。“金声必兼玉振”，镈钟已有，特磬未备。和硕庄亲王允禄等大臣奏请添造特磬，与镈钟配，以备中和之盛。并请采和阗美玉，琢为特磬，较过去所用灵璧石磬更胜一筹。至此，特磬之制也随镈钟的产生，于乾隆二十六年（1761 年）诏定。以和阗玉制特磬，“用章条理”。十一月朔日（初一）始工，经九日在癸卯日

琢成。在中和韶乐编制中添配镈钟、特磬，中和韶乐乐器规制得以完备。乾隆皇帝在当年冬至祭天御制诗的告白中，自诩"玉振金声集大成"，镈钟特磬的添置使国器备全，代表国运昌隆，让他颇为自豪。

乐器演奏使用乐律，要按照"随月用律"的规定，即在不同的月份使用不同的律高。十一月用黄钟律，十二月大吕律，正月太簇律，二月夹钟律，三月姑洗律，四月仲吕律，五月蕤宾律，六月林钟律，七月夷则律，八月南吕律，九月无射律，十月应钟律。由于祭天大典在十一月举行，因此在演奏中和韶乐时要以黄钟律的高度为其基准音高，黄钟律相当于现代的 E 调。

乐器发声音阶，采用五声音阶。古人把宫商角徵羽称为五声或五音，大致相当于现代音乐简谱上的 1（do）、2（re）、3（mi）、5（sol）、6（la）。中和韶乐所有颂歌均采用这五个音阶谱曲，突出其古朴典雅的韵味。中和韶乐是礼制乐舞，其特点是"一字一音一个动作"，即乐器演奏一声，唱相应的一个字，舞生则表演舞谱的一个既定动作，充分体现了"礼、乐、歌、舞"集合的仪式性。

乐器演习场所，明成祖朱棣在北京仿南京旧制建大祀殿，在大祀殿西建神乐观（神乐署前身），由道教正一派主持，

演习乐舞。清代，《清史稿·乐志》"祠祭诸乐则太常寺神乐观司之，以协律郎教习乐生，月三六九日演于凝禧殿。"凝禧殿即为神乐署正殿，凡大祀前 40 日、中祀前 30 日，每旬三、六、九日，乐生（专门演奏乐器人员的称谓）即于凝禧殿演习中和韶乐乐器。

乐器演奏人员，明代神乐观的乐舞官、乐舞生均由道士担任，后来乐生仍用道童，舞生改用军民俊秀子弟。明永乐十八年（1420 年）迁都北京时，有300 名乐舞生随驾进京，以后明代神乐观常保有乐舞生 600 名左右，到嘉靖时乐舞生总人数达到 2200 名。清顺治元年（1644 年）乐舞生定员为 570 人，其中乐生 180 名。乾隆七年（1742 年）神乐观增设乐部，作为管理祭祀、朝会、宴飨的演乐及审定乐器音律事务的机构。驱逐观中道士，改名为神乐所，祭祀乐舞生由年少俊秀的八旗子弟充任，由朝廷派协律郎对祭天乐舞生进行培训。

天坛馆藏乐器皆为明清两代中和韶乐所用，有镈钟、特磬、编钟、编磬、建鼓、搏拊、琴、笙、柷、敔等。天坛历经劫掠，丝竹匏革类物品又难以保存，此类乐器留存皆为孤品，且有残破，无法向世人展示其精华。惟钟、磬一类，因材质坚固不易风化，保存完好。有些

乐器虽不能展示，但其传承历史久远，每种乐器在乐舞中的作用都不可替代，很好地烘托了"玉振金声"的庄正厚重。

《孟子·万章下》："孔子之谓集大成。集大成也者，金声而玉振之也。金声也者，始条理也；玉振之也者，终条理也。始条理者，智之事也；终条理者，圣之事也。智，譬则巧也；圣，譬力也。"孟子以"金声玉振"做比拟，称赞孔子集圣贤之大成，始终而一。"金声"指"钟"发出的声音，"玉振"指"磬"发出的声音，雅乐奏乐时以击"钟"发声为始，击"磬"收韵为终。金玉之声铿锵亢越，以其声为雅乐歌词做章句首尾标志。古乐每曲一终，必变更奏，一变为一成（即一章），九变而乐终，至九成完毕，称为大成。"金声玉振"用钟、磬的发音特点和在雅乐中的作用象征一首完善的雅乐，以智而始，力行而终，有始有终，德行完备。孟子给具有德行象征作用的钟、磬以极高的评价，将钟磬推升到一个崇高的地位。

镈钟、特磬，作为中和韶乐中的重器，自商周以来即有很多记载，并有大量实物传世。《周礼·春官》"镈，如钟而大。"它的形体和钟相近，比钟大。"镈"字从金从尃，"尃"意为展示花样，"金"与"尃"相组合则指"镌刻有花纹图案的钟"，因此大多镈体上有复杂的纹饰，并刻铭文，有棱饰。镈与钟在形制上存在着明显的差异，如镈口为平于而钟为曲于，镈体为弇而钟体侈，镈枚短而钟枚长，镈用钮而钟有甬，镈钮上常有繁复的装饰而钟多素等。清乾隆仿古镈钟，铸铜制成，整套12枚，单体形制上径小下径大，有36个枚，两角下垂。12口镈钟大小不同，从黄钟（律）之钟依次递减，以构成从低到高的阳律、阴吕两个音列，每钟后镌刻律名。十二律吕，对应12个月用律，每月各用一件同律镈钟，以作为宫音的高度。作乐时，首先举麾，再击柷三声，以示起乐。每唱一句歌词之前，先击镈钟一下，然后再奏编钟，以宣"金声"，乐舞才开始进行。虽然清乾隆考其出土为周代镈钟，但依现代出土的古代各类钟制，乾隆所仿制并非先秦时期流行的平口镈，而是"甬钟"形制，其音高设计取决于钟的大小。

特磬，单独悬挂、不编之磬。磬起源于原始社会时期的片状石制劳动工具，在早期先民的乐舞活动中，用以击节伴奏。周代以来，用于雅乐。清代特磬由新疆和阗玉制成，12只，以应十二律。大小厚薄不同，依大小厚薄设计音高，大而薄则音低，小而厚则音高。磬体钝角矩形，长边称为鼓，短边称为股。"法天则地，股二鼓三"，即制磬乃取法于天地自然的法则，形成股二鼓三比例的尺度。十二律各磬以黄钟特磬的鼓、股长度及厚度为基准，长度依次递减，厚度依次递增。作乐时，每唱一句歌词之后，击特磬一声，以收"玉振"之韵，然后再进行下一句的歌唱。

编钟，清代编钟的形制不同于战国时期的编钟，战国编钟多是大小不一，小的音高，大的音低，扁圆体，下口有两个角。而清代编钟的外形大小相同，圆体，腰径稍大，下口平齐，以周壁薄厚定音高，厚的音高，薄的音低。清代编钟由于钟体厚重，下口微收，因此音色坚实、明亮，演奏起来颇为肃穆、华贵。编钟应十二正律、四倍律，阴阳各 8 个，共 16 枚悬挂于一架，分悬上下两排，八阳律在上，八阴吕在下。遇阳月，则击上排编钟；遇阴月，将下排八阴吕编钟移至上排。因此，无论何月，只击上排编钟而不击下排编钟，无论何调，变宫、变徵之钟是不击的。作乐时，当镈钟击响后，敲击编钟一下，以宣其声，歌生唱歌词一字。

编磬，清代中和韶乐的编磬由碧玉或灵璧石制成，为钝角矩形。磬片较之特磬的体积要小，多枚一组悬挂于一架簨簴之上。天坛只在圜丘、祈谷大典时使用碧玉编磬。各枚编磬大小，厚度不同，以磬片的薄厚定音高。磬片两面绘云龙纹，股侧镌刻制作年代，鼓侧各镌刻律名。16 枚编磬悬挂在一簴之上，应十二正律、四倍律，阴阳各八，上下两排，每排各 8 个，应律及使用与编钟相同。作乐时，当歌生唱完一字之后，敲击编磬一下，用以收韵。

木、革之属发音坚实浑厚，在雅乐中主要做章句首尾的提示。

建鼓，最早源于商代，名为"楹鼓"，在明代叫作应鼓，至清代改称建鼓。形制大体相同，高大而富丽堂皇，大致由鼓体、趺座、顶盖三部分组成。作乐时，当歌词唱完一句后，用红色直柄圆头双锤击鼓一声，后搏拊各拍两声，用以应和。

搏拊，又称拊鼓。最早的记载见于《周礼·春官·大师》，"大祭祀，帅瞽登歌，令奏击拊。"郑康成注："拊形如鼓，以韦为之，著之以糠。"这一形制一直沿用到元代，明代将搏拊改为形如小鼓，两面蒙以皮革，以木框为边的式样。作乐时，将搏拊挂在脖子上，当歌词唱完一句、建鼓敲完一声后，用双手各拍击搏拊左右一下，用以和声。

柷、敔，以木制成，是历代雅乐的专有乐器。柷用于起乐，敔用于止乐。作乐时，举麾则击柷三声，以示起乐。每乐章之末，击特磬，继而用籈【zhēn】（敲击敔的短棒）逆刮敔虎背上的木齿三声，以示乐曲结束。

笛，古亦写作"篴"字。清代中和韶乐所用之笛，由芦竹制成，间缠丝弦，用木刻成龙头龙尾，加在笛的首尾，故称"龙笛"。左边一孔为吹口，次孔加了竹膜，右边6孔全向上。侧面相对有出音孔2个，末尾2孔上出。笛有二制：一为姑洗笛，用于阳月；一为仲吕笛，用于阴月。通体朱漆，绘金莲花纹。中和韶乐设笛10支。

篪。《世本》云，周平王时"苏成公作篪"。篪与笛的音色相似，但两者无论从外形还是演奏手法上都有着较为明显的差别。北宋陈旸在《乐书》中"篪之为器，竹为之，有底之笛也"，指明了篪与笛的主要区别。演奏时，双手执篪端平，掌心向里按孔。篪一孔上出为吹口，五孔外出，一孔内出，另外两孔下出相并，用以出音，管末端有底，中间开一孔。吹孔之上的管内留有竹节用来闭音。篪有二制：一为姑洗篪，用于阳月；一为仲吕篪，用于阴月。中和韶乐设篪6支，各用一人演奏。演奏姿势与笛不同，吹笛两手一前一后，吹篪则两手均在前，回扣。

箫。在古代，单管竖吹的乐器称笛，所称箫者为排箫。唐宋时期的尺八、箫管和竖篴则是明清时期箫的前身。为区别横吹之笛，明代将竖吹者称为箫。清代中和韶乐所用之箫，前面五孔，后面一孔，侧面相对处有二出音孔。箫有二制：一为姑洗箫，用于阳月；一为仲吕箫，用于阴月。通体朱漆绘金龙。

排箫。早在原始社会，已有用芦苇编制的苇籥。虞舜时期乐舞《箫韶》中的箫即为原始排箫。清代中和韶乐所用排箫为双翼形制的椟箫。用木制成椟匣，椟中间凹而虚空，用以收纳竹管，管16支，外出，上端吹口相齐，下端参差渐短如凤凰的两翼，因此排箫又被称为"参差""凤尾箫"。16支管分阴阳左右排列，各8支，长短各不相同，管长则音低，管短则音高。两旁管长，参差渐短。左边排列为2个倍律6个正律；右边排列2个倍吕6个正吕。管面分别镌刻律名。阳月均吹左八管，阴月均吹右八管，实际上是一套完整的律管。

埙，土属，陶制。在古代多用于诱捕猎物，秦汉以后始用于历代宫廷雅乐，明清两朝，民间很少使用。清代中和韶乐所用之埙，大小如同鹅卵，形状如同秤锤，上锐下平，中空，顶上一孔为吹口，前面四孔，后面二孔。埙有二制：一为黄钟埙，用于阳月，6孔皆闭时，声应黄钟之律；一为大吕埙，用于阴月，6孔皆闭时，声应大吕之吕。

笙，匏属。古代文献中有"随作笙"和女娲氏作笙的传说，甲骨文中的"和"

字，即是吹笙的象形字。清代中和韶乐所用之笙，制作笙斗的材料不是匏，而用木代替，匏腰安短嘴，短嘴末端安长嘴，形如凤头。攒管17根，在匏面穿孔环植，左右分列，而缺其右，用竹箍束起来，中管最长，两边渐短。笙分大小二制，管用紫竹，第一管到第十管从右向左旋转，第十管以后重复如第一管，从左向右旋，依次参差，到第十七管长与第二管相等。管体用檀木接连，17管全部设簧，内开出音孔。小笙虚设4管，只有13管设簧。

琴，传说神农"削桐为琴，丝绳为弦，以通神明之道，合天地之和"。最初的琴只有5弦，至周代时成为7弦。古琴包含着深厚的音乐文化内涵，它是最符合封建社会的"中和"思想，也是传统乐器中最有特色最能体现"中和"之美的乐器。清代中和韶乐所用之琴，以桐木为面，梓木作底，前宽后窄，上圆下方。漆以黑色。岳山焦尾用紫檀，张朱弦七，徽用螺蚌为饰。以漆金几承之。

瑟，又称"洒"。《诗经》中有"窈窕淑女，琴瑟友之"、"妻子好合，如鼓琴瑟"的描述，可见琴瑟二器密不可分。古代用于宴飨礼仪和祭祀活动中的歌唱伴奏，魏、晋、南北朝用于伴奏与歌相和，隋唐时期用于宫廷雅乐和丁祭音乐（祭孔音乐，每季丁日祭孔时所奏音乐），隋、唐以后民间失传，成为宫廷音乐专用乐器。清代中和韶乐所用之瑟，前宽后窄，面圆底平，中高，首尾俱下，体用桐木，黑漆，瑟面绘云龙纹，首尾为锦纹，侧面为流云纹，后端用绘龙黄缎承弦，梁用紫檀，弦孔用螺蚌为饰，用两个刷金座承担。

丝、竹、匏、土之属乐器发音柔和婉转，雅乐中主要用以和声。作乐时，笛、篪、箫、排箫、埙、笙皆随歌词一字同时单吹一音以应和，而琴、瑟各弹奏一散音，与歌声同时发出。

被尊为"德音雅乐""华夏正声"的中和韶乐，以八音乐器进行演奏，和以律吕，文以五声，曲调平缓而不失庄重，气宇轩昂而又富于感染力，体现出文治武备、温柔敦厚的礼乐精神，表达了人们对天神的歌颂与崇敬。其中重器"玉振金声"，更将有始有终的德音以其铿锵有力、庄正厚重的发声发挥得淋漓尽致。

1

铜鎏金编钟

明

通高 26 厘米，
口径 21 厘米 × 17 厘米

铜质鎏金。体腔椭圆，钟口平齐，鼓腹收口。三山组成海水云气纹山形钮，中间大跨度山梁饰云气纹，钮上浮雕海水江崖。舞部以钟钮为界，两边各饰一对浮雕飞凤、仙鹤，凤、鹤相对间浮雕如意朵云（也称庆云）。正背两面钲部浮雕"如意万代"（如意卷云纹）须弥座无字牌额，牌额顶部分别浮雕飞凤（朱雀）、行龟（玄武）。牌额左右各铸乳钉 9 枚，两面共 36 枚。钟身一侧铸浮雕海水云气升龙吐珠；一侧浮雕海水云气降龙化鱼（龙尾鱼尾状，为鱼化龙造型）。龙纹头部双角似鹿，眉骨突起，眼似虾目，口方扁平，两个鼻孔向上似河马，龙发后披，鳞甲细密，四肢健壮，肘毛飘逸，后肢足端五爪，四爪并列，一爪外伸折成直角，似人之手掌，整体造型为明龙特征。前后隧部各有一突起圆脐，金已磨损（击打痕迹）。在隧部两侧、乳丁行间，雕玄武之面均浮雕卷浪纹，雕朱雀之面均浮雕火云纹。钟体制作精美，鎏金匀厚，除鎏金略有磨损外，整体保存完好。

钟体纹饰寓意深刻，文化内涵丰富。《说文》中龙"能幽能明，能细能巨，能短能长。春分而登天，秋分而潜渊"，说的是古人观察到二十八宿中东方苍龙星的变化，苍龙星宿春天自东方夜空升起，秋天自西方落下，其出没周期和方位正与一年之中的农时周期相一致，苍龙五行属木。该钟以吐珠（生发）的升龙表示春分升天，代表春天；《说苑》中有"昔日白龙下清冷之渊化为鱼"的传说，鱼化龙造型的降龙表示秋分潜渊，代表秋天。二十八宿的南方七宿总称"朱雀"，位于南方，五行属火，因此飞凤及火云纹象征朱雀，代表夏季。二十八宿的北方七宿总称"玄武"，位于北方，五行属水，因此行龟及卷浪纹象征玄武，代表冬季。钟本身范铜鎏金，为金属性。钟钮三山代表中原江山，属土。钟体春、夏、秋、冬四季轮转，金、木、水、火、土五行循环，鹤舞祥云，凤翔九天，满载长治久安、天下太平等无限吉愿。

中和韶乐主奏乐器。作乐时，当镈钟击响后，敲击编钟一下，以宣其声，歌生唱歌词一字。此钟一套应为 16 枚，大小相同，以厚薄调音，厚者音高，薄者音低。这种钟余振时间短，不会前音未尽，后音已出，混响一片，便于演奏旋律和谐发声。

1994年7月22日，印度陆军参谋长乔希上将访华时，将这枚珍贵的编钟赠送给中国人民解放军总参谋部张万年总参谋长。乔希上将介绍，这件编钟是1901年（庚子事变）一名叫道格拉斯（J.A.Douglas）的英军少校从北京天坛劫走的。这名少校将编钟带到印度（当时印度是英国殖民地），作为战利品存放在印度军队地面军团之第二枪骑兵团（园丁之马）军官俱乐部里。乔希将军入伍时就在该团当兵，曾梦想将来有一天把此物归还中国。随着乔希将军这一宏愿实现，这件珍贵的文物结束了耻辱的历史，回到祖国，为中印友好留下一段佳话。该编钟经国家文物鉴定委员会专家组鉴定，1995年4月21日，国防部经国家文物局、北京市政府批准，将其移交天坛公园。

移交时乔希上将为这枚编钟制作的保护展示箱一并移交。箱体分罩盖、底座、内保护罩三部分。内保护罩为透明有机玻璃五面立方体。外罩木质髹漆，深棕色，有花卉纹方框修饰。底座中心按钟内径凸起棉垫，钟扣其上用以稳固钟体。座四面皆有铜片刻字铭记钟的来历。

2

铜鎏金『林钟』镈钟

清乾隆二十六年（1761 年）

通高 65 厘米，舞部径 29 厘米，于径 36 厘米

　　铜质鎏金。古代甬钟形。据《考工记》，钟口的两角称"铣"，两侧边称"栾"，两铣之间下周称"于"，于之上乳钉下的部位称"鼓"，鼓部以上的钟体称"钲"，钲部突出的乳钉称"枚"，枚上下间隔部分的纹饰称"篆"，钲上的平顶称"舞"，舞上的柄称"甬"，甬的顶端称"衡"，甬部中间带状突起称"旋"，旋上所设耳状钮称"虫"，用以悬钟。

　　该钟曲"于"。衡部镌阴阳鱼，旋上、篆部、鼓部均饰雷纹。鼓部纹饰几何突起，雷纹做底。钲部正背两面中间均饰竖长梯形牌额。正面牌额镌刻篆字御制铭：

　　"自古在昔，功成作乐。辨物涓吉，铸此钟镈。皇祖正音，中和大备。讵独是遗，或存深意。绩底西旅，瑞出西江。考制象器，协和万邦。一虞特悬，用起律首。

　　编钟继奏，箫韶成九。宽横乐舞，必考必精，慎遵前宪，敢或损增。宣阳导阴，立均出度。万事本根，百王矩矱。緊余小子，蒙业重熙。赖天耆定，惟日际时。范器识年，悉新巳盛。铭无溢辞，惕乾懋敬。

　　乾隆御制。"

　　背面牌额镌篆书该钟律名：

　　"镈钟第八林钟　大清乾隆二十有六年岁在辛巳冬十一月乙未朔越六日庚子铸成"

　　牌额左右各铸"枚"9 个，两面共 36 个，枚呈双叠圆台状。隧部无脐。用时以黄绒纠穿虫孔，用以悬钟，悬挂于簨虡（钟架）上。

　　该钟为朝会、宴享中和韶乐六月使用。也是方泽（今地坛）、地祇坛祭祀使用的镈钟。簨虡，横杆称簨，直柱称虡。制式簨 2 根虡 2 根，虡下有趺。趺上周围有垣，雕山水形纹，垣内雕五彩伏狮，两虡贯狮背入趺。上簨两端雕龙首，龙口各衔 5 枚五彩流苏，下垂至趺。簨脊立金鸾 1 只，衔五彩流苏。下簨附有垂钩以悬钟。簨上有业（业为覆在横木上的装饰物），绘五彩云龙。第八林钟所用簨虡较第一黄钟规制小，为与第一黄钟所用簨虡等高，趺下施几三。第七蕤宾、第九夷则也用此簨虡。

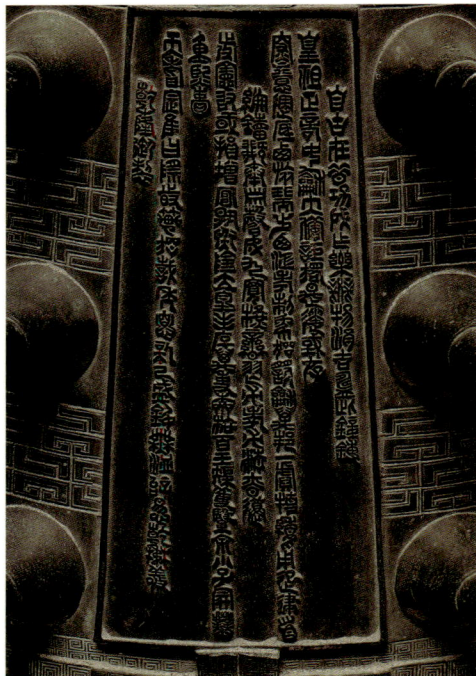

3

铜鎏金『黄钟』编钟

清乾隆十年（1745 年）

通高 30.3 厘米，口径 20.2 厘米

　　铜质鎏金。体腔圆，钟口平齐，鼓腹收口。钟上有卐字形钮，钟体雕 5 层纹饰，3 层三圆纹，2 层等样纹，交替上下。两侧钲部浮雕"如意万代"（如意卷云纹）须弥座牌额，正面刻楷书"黄钟"音律名，背面刻楷书"大清乾隆十年制"，钟口铸尖角夔龙纹，前后隧部各有突起圆脐。

　　编钟悬挂于簨虡上，制式簨 3 根虡 2 根，左右两虡下端承以五彩伏狮，下为跗，跗上有垣，雕山水形纹。上簨左右刻龙首，龙口各衔 5 枚五彩流苏，下垂至跗，簨脊树金鸾 5 只，衔五彩流苏。中簨上有业，绘五彩云龙。下簨附悬钟的垂钩，簨业上绘水波状纹。中簨、下簨各悬钟 8 枚。击具卧鼓形，红色漆柄。

　　中和韶乐主奏乐器。此编钟一组共 16 枚，外形相同，薄厚不一，薄者声浊，厚者声清，以厚薄次序相排，八阳律在上，八阴律在下。上排右起：无射、夷则、蕤宾、姑洗、太簇、黄钟、倍无射、倍夷则。下排右起：应钟、南吕、林钟、仲吕、夹钟、大吕、倍应钟、倍南吕。

4

碧玉『姑洗』特磬

清乾隆二十六年（1761年）

鼓长 68.4 厘米，股长 46 厘米，厚 3 厘米

和田玉制。呈钝角矩形，长边称鼓，短边称股。磬正面正中镌金字篆文清高宗御制铭："子舆有言，金声玉振，一虞无双，九成递进。准今酌古，既制镈钟，磬不可阙，条理始终。和阗我疆，玉山是蠢，依度采取，以命磬叔。审音协律，咸备中和，泗滨同拊，其质则过。图经所传，浮岳泾水，谁诚见之，鸣球允此。法天则地，股二鼓三，依我绎如，兽舞鸾鬟。考乐惟时，乾禧祖德，翼翼绳承，抚是万国。益凛保泰，敢或伐功，敬识岁吉，辛巳乾隆。乾隆御制"。

背面镌本律磬名及制成时间，金字篆文："特磬第五姑洗　大清乾隆二十有六年岁在辛巳冬十一月乙未朔越九日癸卯琢成"。

两面铭文周围均饰以描金云龙纹。鼓股相交处钻有圆孔，孔周火焰纹。磬孔结黄绒纩悬挂于簨虡上。

十二特磬各悬一虡，簨虡形制与镈钟架大致相同，只是上簨左右雕以凤首，左右两虡承以白羽朱喙的卧凫。

十二特磬使用与镈钟同，按月律单陈，位于编磬之西。

特磬在中和韶乐中用于止乐。凡作乐，乐将止，击特磬以收韵，即"金声玉振"之"玉振"。

5

「南吕」石磬

清康熙五十四年（1715 年）

鼓长 35.5 厘米，股长 23.5 厘米，厚 3.7 厘米

　　磬灵璧石制。呈钝角矩形。两面绘描金云龙纹，股侧镌楷书"康熙五十四年制"，鼓侧镌楷书律名"南吕"。磬面孔周火焰纹，孔结黄绒绹，悬挂在簨虡上。

　　簨虡制式。簨 3 根虡 2 根，两虡下端承以卧凫，白羽朱喙；下为跗，跗上有垣，雕山水形纹。上簨左右刻凤首，各衔 5 枚五彩流苏，下垂至跗，脊树金凤 5 只，衔五彩流苏；中簨上有业绘彩凤；下簨附悬磬的垂钩，簨业上绘水波纹，中簨、下簨共悬磬 16 枚。击具卧鼓形，红色漆柄。16 枚编磬同悬一虡，上下各八。

　　编磬为中和韶乐乐器。朝会、祭祀、宴享用编磬皆同，唯独天坛（含圜丘、祈谷坛）使用碧玉编磬，其他用灵璧石。

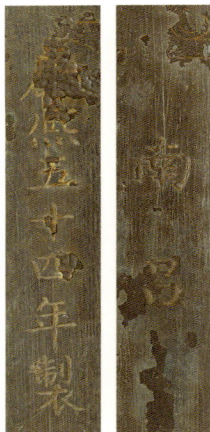

6

「蕤宾」石磬

清乾隆三十四年（1769 年）

鼓长 35.2 厘米，股长 26 厘米，厚 3.5 厘米

　　灵璧石制。钝角矩形，磬两面绘描金云龙纹，股侧镌金字楷书"乾隆三十四年制"，鼓侧镌律名金字楷书"蕤宾"。磬面小孔结黄绒纽，悬挂在簨虡上。

坛庙祭享
陈设告丰

天坛馆藏文物均由民国坛庙管理事务所承接而来，其前身是民初古物保存所。1912年10月成立的古物保存所，存储了大量逊清移交的坛庙祠寺古物。

天坛馆藏文物均由民国坛庙管理事务所承接而来，其前身是民国初期的古物保存所。1912年10月成立的古物保存所，存储了大量逊清移交的坛庙祠寺古物。

六朝古都北京，尤其作为中国历史上最后两个封建王朝的都城，不仅存有丰富的历史遗迹，也是中国礼制文化、祭祀文化的末代承载者。皇家坛庙体系是明永乐迁都北京规划建设的重要组成部分，与皇城宫殿、民居胡同一起，构筑了北京风格鲜明的城市文化脉络，又因其礼制建筑的特殊性，文化含义更为深远，城市地位更为突出。其所用所遗古物，也就更具有文化价值，更为珍贵。

吉礼是中国礼制五礼之冠，主要是对天神、地祇、人鬼的祭祀典礼。对天神称祀，地祇称祭，宗庙称享。《史记·礼书》："上事天，下事地，尊先祖而隆君师，是礼之三本也。"国家祭祀的重要目的就是规范等级秩序、强化等级意识，因此历朝历代都对祭祀对象进行严格的等级划分。

明代国家祀典分为大、中、小祀三类。圜丘、方泽、宗庙、社稷、朝日、夕月、先农为大祀；太岁、星辰、风云雷雨、岳镇、海渎、山川、历代帝王、先师、旗纛、司中、司命、司民、司禄、寿星为中祀；诸神为小祀。每年常行的大祀13次，中祀25次，小祀8次。常祀之外，还有不定期举行的具有特定意义的告祭，被告祭的事件有天象异常、自然灾害、皇帝登极、巡幸、上谥、葬陵、册立、出师等。祀等划分也非一成不变，如先农、朝日、夕月原为大祀，后降为中祀。

清代祭祀分为三等：大祀、中祀和群祀。圜丘、方泽、祈谷、太庙、社稷为大祀；天神、地祇、太岁、朝日、夕月、历代帝王、先师、先农为中祀；先医、贤良、昭忠等庙祠为群祀。乾隆时，改常雩为大祀，先蚕为中祀。咸丰时，改关圣、文昌为中祀。光绪末，改先师孔子为大祀。每年大祀典礼13次，中祀12次，群祀则有53次。天子祭天地、宗庙、社稷；中祀，或天子亲祭，或遣官代祭；群祀，则皆遣官。

同一祭祀对象、祭祀坛庙，又按照其配享帝王和从祀对象的不同，供奉和陈设祭器祭品时也划定等级，分为正位、配位和从位三等。正位供奉祭祀正主，大祀均为自然神主；配位为配享、合祭的祖宗或先贤、功臣等，一般为人神；从位，陪祭与主祭神主有密切关系的次等级神主，不专祭，从属于正主随祭。

这些坛庙祠祭祀典礼的设置，体现了中国传统文化中敬天尊祖、慎终追远、崇德尚贤的价值观，是祭祀文化、礼乐文明在中华五千年历史中的血脉相沿，把对天地的崇拜、对自然的敬畏和对先祖、先贤的尊重感恩写入了制度化的仪式。祭祀仪仗乐舞的隆重威仪、祭器祭品制备的恭谨丰盛，都是祭祀礼仪的外在表现。

根据祭祀等级、对象的不同，服饰不同，祭器制作的颜色、材质、纹饰不同，乐器、舞具的配置规模不同，祭品、用具、卤簿的陈设数量不同，斋戒的陈设用度也都不同。"礼乐备和，品物具陈，告丰告洁"是历代王朝对祭祀陈设的要求，以陈设、祭品按规制备办的丰富、全面和礼乐仪式的隆重来彰显国家对祭祀的重视，"告洁告丰告全"方能与神明对接，表达对祭祀神明的尊重和国泰民安的诉求。

天坛为坛庙建筑之首，天坛珍藏的坛庙文物，无论是斋戒还是祭祀的陈设器物，即使朴素无华毫无特色甚或残破，也都曾经是古人用以交接神明的道具，蕴含着深刻的含义，有着事神明的功能，寄托着祭祀者和其所代表民族的情感和精神。其珍贵即在于此。

1

银鎏金圆灯

清光绪二十九年（1903 年）

通高 59 厘米，腹围 75.5 厘米

　　鎏金银质。由灯罩、灯座两部分组成，整体圆柱笼形，罩、座可拆分。圆须弥座，浮雕卷草纹、莲瓣纹，座台栏杆上下镂刻如意云纹栏板、挂落。座台中心 4 柱灯提，贯穿于灯罩内，柱顶三叉火焰珠。灯罩用软金丝编织成镂空网状圆筒笼形，上下收口，敞檐镂刻缠枝莲宝相花纹。底部阴刻楷书款，右为打造银号和重量"恒利银号造京平足纹，重二百两一钱"，中为六字双行"光绪癸卯年制"，左为鎏金重量"镀金十六两"。每灯重量和鎏金重量不同，刻款不同。

　　天坛大祀时，神位前成对陈设，用以照明。

银鎏金方灯

清光绪二十九年（1903 年）

通高 61.5 厘米，通长 21 厘米，通宽 21 厘米

　　鎏金银质。由灯座、灯罩两部分组成，整体方柱形。方须弥座，浮雕卷草纹、莲瓣纹，座台栏杆上下镂刻如意云纹栏板、挂落。灯提 4 柱贯穿灯罩内，柱顶三叉火焰珠。灯罩长方筒形，上下收口部刻缠枝牡丹纹。罩身镂刻斜方格几何纹，框饰回纹。底部阴刻楷书款，右为打造银号和重量"恒利银号造京平足纹。重二百七十两五钱"，中为六字双行"光绪癸卯年制"，左为"镀金二十一两六钱四分"。

　　方泽坛大祀时，神位前成对陈设，用以照明。

银鎏金
云鹤纹八卦圆熏炉

清光绪二十九年（1903 年）

通高 63 厘米，通宽 31.7 厘米

鎏金银质。体圆，直口平唇，短颈，鼓腹，两侧饰天官耳，腹下三足。炉口雷纹，通体刻八卦云鹤纹。炉盖圆形，叠二层，上层镂空乾、兑、震纹，后有缺刻，用以贯穿香靠具。香靠具从炉体内壁靠具槽处插入炉内。香靠具七出，鹤纹如意云头，中间香插有圆框，以插圆柱形香。炉底阴刻楷书款"恒利银号造京平足纹，重一百九十一两五钱，镀金十五两三钱""光绪癸卯年制"。

天坛大祀时，陈设于神位前正中炉几之上，用以熏香。

4

银鎏金
云鹤纹八卦方熏炉

清光绪二十九年（1903 年）

通高 50 厘米，通长 26.5 厘米，通宽 16.3 厘米

　　鎏金银质。体长方，直口平唇，方腹平底，腹上部两侧饰方提耳，四高脚圆柱形足，足底有五孔，炉腹内有香灰槽。炉口、炉体边框镌雷纹，通体刻八卦云鹤纹。炉盖长方形，叠二层，下层镂空乾、震、艮纹，后有缺刻，用以贯穿香靠及香。炉体内后壁有香靠具槽，香靠具从盖缺刻及炉体靠具槽插入炉内。香靠具七出，鹤纹如意云头，中间香插有方框，用以插香。炉底阴刻楷书款"恒利银号造京平足纹，重二百二两，镀金十六两一钱六分""光绪癸卯年制"。

　　方泽坛大祀时，陈设于神位前正中炉几之上，用以熏香。

5
斋戒铜人

清（1644-1911 年）

通高 56 厘米

    铜质。立像戴冠，左手向胸，右手平抬向上，作抱持"斋戒"牌状。方形底座，脚下以钎插接。

    斋戒铜人像在清代有 3 种装束形象，其中文官装束有两种，内监装束一种。

    每逢皇帝亲诣行礼的祭祀，祀前进斋戒牌铜人。大祀，于前期四五日具奏，前期三日恭进。中祀于前期三四日具奏，前期二日恭进。大祀天、地，遇皇帝驾御斋宫斋宿，铜人于乾清门安设二日，坛内斋宫安设一日。如皇帝不御斋宫，于乾清门安设三日。均祭日撤回。清代皇帝每遇斋戒之日，不但殿廷安设铜人，而且坐卧之处还书斋戒牌，随时警示皇帝敬诚致斋。

银鎏金葫芦形执壶

清晚期

通高 54 厘米，口径 8.5 厘米，底径 17.5 厘米

　　鎏金银质。圆口方唇，葫芦形腹，圈足外撇，长弯流，耳状柄，壶流根部浮雕张口吞流状龙首，盖子口，宝珠钮，壶底镂金钱纹。

7

银鎏金奠池

清中晚期

通高 11.5 厘米，口径 36.7 厘米，底径 26.1 厘米

　　鎏金银质。圆口圆唇外折，圆腹下收，平底圈足。

8

铜龙首酒提

清中晚期

通长 33 厘米

　　铜质。勺柄端透雕成龙首形，勺圆口弧腹，勺外饰雷纹、星云纹。

9

弦纹铺首衔环耳壶

明

高 35 厘米，口径 15 厘米，底径 18.7 厘米

铜质。侈口，束颈，溜肩鼓腹，高圈足，肩饰双铺首衔环耳。肩、腹部弦纹。

10

鳝鱼黄釉扁瓶

清光绪（1875–1908 年）

高 33 厘米，口径 7.3 厘米，底径 15 厘米

　　瓷质。圆口，直颈垂腹，圈足，外壁通施鳝鱼黄釉。足底"大清光绪年制"六字双行楷书款。

冬青釉琮式瓶

清光绪（1875-1908 年）

高 27.7 厘米，口径 9 厘米，底径 10.7 厘米

瓷质。琮形，直口方身，瓶身四面凸饰八卦纹，圈足，全器满施冬青釉。底书青花"大清光绪年制"六字双行楷书款。

12

豆青釉月牙纹盖罐

清嘉庆（1796–1820 年）

通高 22 厘米，口径 9.4 厘米，底径 9.6 厘米

　　瓷质。圆口，短颈丰肩，弧腹内收，隐圈足，腹部两侧装饰有月牙形耳，扁圆形盖，子口。内外满施豆青釉。底书"大清嘉庆年制"六字三行篆书款。

青花竹石芭蕉玉壶春瓶

清道光（1821-1850 年）

高 29 厘米，口径 8.9 厘米，底径 11.5 厘米

　　瓷质。撇口，束颈，垂腹，圈足。颈部饰蕉叶纹、卷草纹、垂云纹，腹部绘竹石芭蕉图，底端为变体莲纹，足墙绘莲花纹。通身白釉，绘青花图案。底书"大清道光年制"六字三行篆书款。

青花饕餮纹出戟方罍

清

高 33.5 厘米，口径 10.7 厘米 ×9.1 厘米

瓷质。口长方形，撇口，平唇，束颈，丰肩，弧腹，腹下内收，颈、腹、足四角及四面正中出戟，双肩部圆耳。通体饰饕餮纹。

祭蓝釉描金皮球纹赏瓶

清光绪（1875–1908 年）

通高 39 厘米，口径 9.8 厘米，底径 13.1 厘米

　　瓷质。撇口，长颈，溜肩，球形腹，圈足。瓶身通体以祭蓝釉为地，其上描绘各式祥瑞吉庆花样的金彩皮球花。口沿、肩部、胫部分别绘如意纹、缠枝寿字宝相花、莲瓣纹。底书"大清光绪年制"六字双行楷书款。

白釉暗花
蟠龙纹执壶

大清光
绪年製

清光绪（1875-1908 年）
通高 28.5 厘米，口径 7 厘米，底径 8.6 厘米

瓷质。侈口，细颈，垂腹，圈足略撇，颈与腹之间设长曲流和折柄，流有横梁与颈相连。弧形盖，宝珠钮。通体白釉，暗花凸起，口沿回纹，壶体双面蟠龙火珠纹。底书"大清光绪年制"六字双行楷书款。

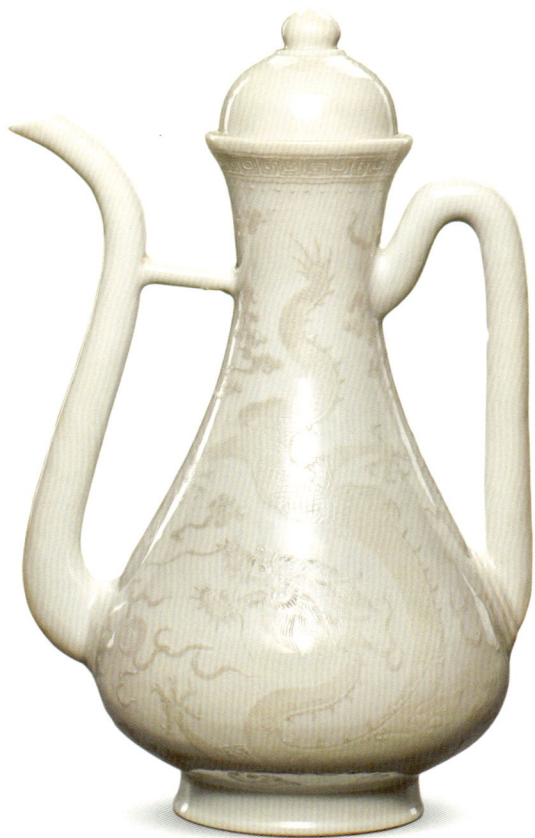

青花缠枝莲纹
夔龙耳尊

清晚期

通高 59 厘米，口径 17.7 厘米，底径 23.7 厘米

瓷质。直口，垂腹，圈足，肩颈部双侧饰夔龙耳。口颈部饰卷草纹、夔龙纹、如意云纹，腹部满绘缠枝莲，腹底端饰星云纹、夔龙纹。

此种器形因似鹿头，也称"鹿头尊"。

**碧玉交龙钮
『万世法戒之宝』玺**

清乾隆（1736-1795 年）

通高 10 厘米，长 9.9 厘米

　　印碧玉质，交龙钮。印文阳文篆刻"万世法戒之宝"。盒紫檀木制，盖五面均刻海水江崖正龙纹，通体纹饰戗金。座底部浮雕山海云龙纹，正中戗金乾纹，暗指乾隆。

　　乾隆皇帝一生刻印很多，此印专门于祭祀斋戒时使用。"万世法戒"，表达皇帝对自我警示控制的重视。

19

碧玉《祭历代帝王庙礼成恭记》册

清乾隆五十年（1785 年）

册页长 23 厘米，宽 15 厘米

册页碧玉质，共 10 页，正反两面镌刻描金册文。首页镌刻海水江崖双降龙火珠纹，中央开光内刻"御笔祭历代帝王庙礼成恭记"，尾页一面刻海水江崖正龙，另一面为册文结尾，钤章朱文"古稀天子之宝"及阴文"犹日孜孜"，朱文在上，阴文在下。

盒檀木制，长方形，边框皆镌刻雷纹，盖顶面开光内嵌螺钿"御笔祭历代帝王庙礼成恭记"，两边镌海水江崖双降龙火珠纹，同内册首页，四立面镌刻海水云龙纹。底座镌刻莲瓣纹。通体纹饰戗金。

《祭历代帝王庙礼成恭记》册页铭文：

"予小子既敬遵皇祖圣训，增祀历代帝王，以今年二月春祭之吉，奉神主入庙，礼以克成，祭不欲数，于是退而恭记曰：

皇祖之圣，允符我皇考所尊称大成，有类先师孔子而无以复加也。即此增入之旨，实出大公至明，乃称历代之名议，而非有意于其间也。夫历代者，自开辟以来君王者之通称，非如配享先师孔子，有所旌别彰瘅于其间也。夫有所旌别彰瘅于其间，则必有所进退，而是非好恶，纷然起矣，入者主之，出者奴之，将无所底止。且以旌别彰瘅言之，汤武即有惭德，则历代开创之君，汤武且不若。审如是，三皇五帝之外，其宜入庙者有几？是非祭历代帝王之义也。故我皇祖谓非无道亡国被弑之君，皆宜入庙者，义在此。但引而未发，予小子敢不敬申其义乎。

盖自洪武建庙南京以来，北京祖之，所祀者寥寥。及我世祖定鼎燕京，幼龄即位，百度毕举，尔时议礼之臣，于议历代帝王庙位次，亦颇有所出入。而我皇祖之谕，亦因近大事之际，在康熙六十一年十一月，诸臣未能仰遵圣意，其出入亦颇不伦。予小子于昨岁阅《大清通礼》，始悉其事，因命大学士九卿更议增祀，而以仲春躬祀，入所增神主于庙。予尝论之，洪武之去辽金而祀元世祖，犹有一统帝系之公，至嘉靖之去元世祖，则是狃于中外之见，而置一统帝系于不问矣。若顺治初之入辽金而去前五代，则尔时议礼诸臣，亦未免有左袒之意，孰若我皇祖之大公至明，昭示千古，为一定不易之善举哉！

夫天下者，天下人之天下也，非南北中外所得私。舜东夷，文王西夷，岂可以东西别之乎？正统必有所系，故予于通鉴辑览之书，大书特书，一遵春秋，不敢有所轩轾于其间，以为一时之义虽权，万古之论不可欺也。然则历代帝王之祀，果即非如配享先师孔子，漠无旌别彰瘅于其间乎？曰：不然也。历代帝王，胥祀于景德之殿，其有德无德，若南若北，曰中曰外，是一家，非一家，章章如，昭昭如，孰可以为法，孰可以为戒，万世之后，入庙而祀者，孰不憬然而思、惕然而惧耶？是即不明示旌别彰瘅，而已寓旌别彰瘅于无穷矣。其有不憬然思、惕然惧者，则是无道之伦，必不能入此庙矣。呜呼！可

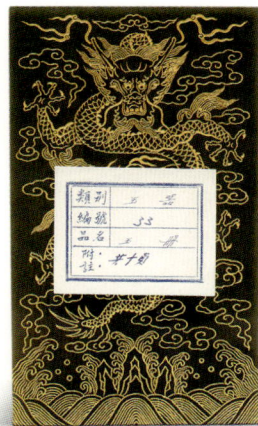

不惧哉，可不惧哉！虽然，予更有后言焉。盖宜入庙，与不宜入，诚昭然应知惧，而我大清国子子孙孙，祈天永命所以绵万祀无疆之麻者，更当以不入斯庙为棘，安不忘危，治不忘乱，用慎芭桑之固。思及此，有不忍言而又有不忍不言者。世世子孙，其尚凛难谌之戒乎！

乾隆五十年岁次乙巳季春御笔"

乾隆四十九年（1784 年）乾隆皇帝提出"中华统绪，不绝如线"，下旨历代帝王庙增祀东晋、南朝、北魏、五代十国的皇帝，再加上唐宪宗、金哀宗，计 25 帝，使帝王庙的入祀人数增加到 188 人，从而将上起三皇五帝、下至明末的中华帝王世系串联成线。为了表示对这次增祀的重视，乾隆五十年（1785 年）二月辛丑（二十一日），乾隆第六次也是最后一次亲诣历代帝王庙行礼，并御制《祭历代帝王庙礼成恭记》。

这一年乾隆皇帝执政 50 年，随着年龄的增长，乾隆对执掌国政越来越心存戒惧。御笔《记》中不仅写出了为何增祀历代帝王，还把自己对帝王的评价和执政心得也写入该《记》。"夫天下者，天下人之天下也，非南北中外所得私"，警示皇帝不应该有民族和地域的偏私。文中再次训诫后世子孙，效法好皇帝，对昏君引以为戒，"安不忘危，治不忘乱"，"孰可以为法，孰可以为戒，万世之后，入庙而祀者，孰不憬然而思，惕然而惧耶！"

乾隆帝一生创作诗文很多，曾下旨将其中一些得意或重要的作品制成玉册，置于左右把玩或自警。此件文物，印证并彰显了乾隆皇帝对此次历代帝王庙增祀的重视。

20

大理石『山川晴霭』圆插屏

清中期

屏面直径 61 厘米，屏座通高 38 厘米

插屏无框，圆形大理石片独立成屏，插于底座。大理石中心厚，边沿薄。屏面天然形成山云景色，山云右下题隶书"山川晴霭"及楷书小字"诗云：物外山川近，晴初景霭新。録王子安登城春望句　挈经老人珍赏。"下有朱文钤章"阮氏石"。红木底座，前后浮雕云纹弧形站牙，牙间凹槽用以插屏，如意纹绦环板，披水牙如意纹卷边。两侧底墩宝瓶形，墩足云纹。

此插屏大理石为白质青章（青色花纹），天然山水云烟纹恰如宋代米氏父子所画"米家山"意境，为大理石中的上品。

挈经老人即阮元。阮元（1764—1849年），初字梁伯、后字伯元，号云台，又号雷塘庵主、挈经老人、节性老人、颐性老人、怡志老人、北湖跛叟等。身历乾隆、嘉庆、道光三朝，官至礼仁阁大学士，卒谥文达。工诗文，精鉴金石、书、画，善篆、隶、行、楷，史称其"身历乾嘉文物鼎盛之时，主持风会数十年，海内学者奉为山斗焉"。善制大理石屏的阮元将王勃《登城春望》诗句中的山水画意境点评在此插屏上，其《石画记序》云："各石有造化之巧"，若无品题，"犹未凿破混沌"。此插屏正是他借品题"凿破混沌"的实例。

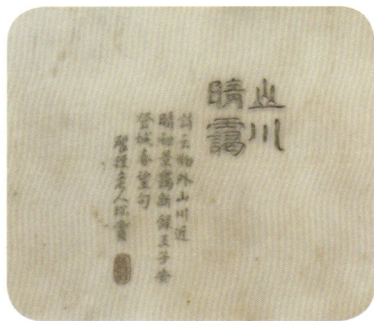

21

交椅

清

通高 101.5 厘米

　　楠木质，髹红漆涂金。扶手弯曲
箕张，椅上仰，交足横距，交叉处贯
以铁枢。后背板上、下镂雕花草纹，
中雕双龙戏珠，珠膨大，有明显摩擦
痕迹，边角处嵌铜箍，饰卷草纹。座
面皮质软屉。

　　清代，大驾卤簿中皇帝专用。

22

紫檀嵌瘿木山水宝座

清

通高 112 厘米，通长 128 厘米

紫檀木制。五屏式座围，座面板长方形，面下束腰，直腿，内卷云纹足，下座托泥。搭脑浮雕云龙纹，靠背板浮雕山水殿阁景致，与屏风浮雕景致成系列。

陈放于斋宫无梁殿紫檀嵌瘿木屏风前。宝座整体除代表皇家的浮雕云龙搭脑及浮雕山水屏心装饰外，无冗余雕饰，尽显斋宫斋戒纯素敬诚的深意。

紫檀嵌瘿木山水屏风

清

通高 315 厘米，通长 396 厘米

　　三联八字形须弥座，紫檀浮雕云龙纹屏帽，五扇屏，屏心嵌瘿木精雕观瀑、登山、访友、捕鱼、村落山水田园生活景致。

　　陈放于斋宫无梁殿明间，前置宝座。"庚子事变"后日本占领军所出纪念册，日本明治四十二年（1909 年）出版儿岛鹭磨摄制的《北清大观》、1906 年出版山本赞七郎拍摄的画册《北京名胜》中，都有天坛斋宫无梁殿内陈设该屏风的照片，是为史证。

（日）儿岛鹭磨《北清大观》（1909 年出版）
斋宫无梁殿陈设

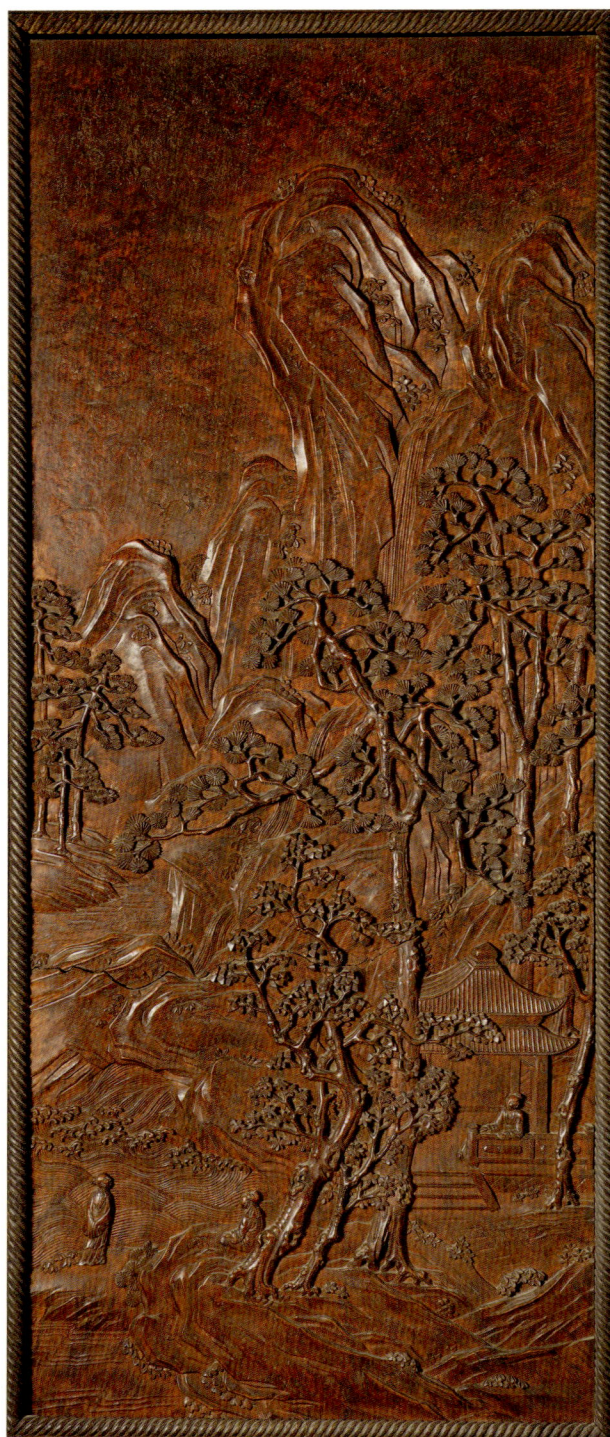

后
记

天坛的馆藏文物在天坛公园的展馆展台上早有陈列，然而人们走马观花，往往喟叹于祭器的素淡、低调，不如故宫的文物精美、珍奇、华贵，少有人真正了解天坛礼器形制、色彩所蕴含的精义。古人对这些礼器珍而重之地管护甚至供奉，每次皇家祭祀使用都是怀着敬畏之心"请"出，绝不可能用于把玩、欣赏和馈赠。因此，文物价值的高低不能用华美度来衡量！即使天坛所存藏品年代较近，仍可追溯整个封建时代礼乐制度的演替历史，窥见末代封建王朝的礼制思想和帝王对祭祀礼制的态度。而且，作为礼器而生的祭器、乐器，在古代，只有成套系出现在礼制盛典上，才能彰显其价值的完整性；在当代，则承载了丰富的文化信息，只有在它的发祥地，价值才能得到最大的展现！

正是源于天坛文物精义的少为人知，源于大众对天坛原真性、完整性认知的匮乏，才有了这部画册的编辑出版。历时一年，在天坛告别祭坛作为公园开放百年纪念的重要年度，画册隆重推出，从文物层面向世人展示天坛文化内涵的深义，也表达天坛文物管理者对文物保护的一种态度。

本部画册是天坛公园在文物保护领域出版物的首部作品。因条件限制，只有部分文物请专业摄影师进行了拍摄，有些文物精品并没有出现在画册里，还有很多文物照片是文物工作者的日常记录，没有达到专业摄影美感的表现度，不无遗憾。感谢张如兰、虞海燕女士、丁孟先生在文物定名、描述上的倾力指导。文物藏品的描述文字全部由本园独立完成，或许不够专业、严谨，还望业界专家、前辈、同行赐教、斧正！

天坛文物作为反映天坛文化、中国古代礼乐制度的一个微观层面，其研究空间还很大，其保护利用仍任重道远。文物工作者还要不断挖掘其价值，努力向世人呈现内容更加丰富、形式更加多样的中华文化元素，也为天坛的完整性、原真性保护做出应有的贡献。

北京市天坛公园管理处

2017 年 12 月 22 日

苍璧
140

黄琮
141

赤璧
142

白璧
143

铜鎏金编钟
156

铜鎏金"林钟"镈钟
160

铜鎏金"黄钟"编钟
164

碧玉"姑洗"特磬
168

"南吕"石磬
172

"蕤宾"石磬
174

银鎏金圆灯
182

银鎏金方灯
183

银鎏金
云鹤纹八卦圆熏炉
184

银鎏金
云鹤纹八卦方熏炉
186

斋戒铜人
188

银鎏金葫芦形执壶
190

银鎏金奠池
192

铜龙首酒提
193

弦纹铺首衔环耳壶
196

鳝鱼黄釉扁瓶
198

冬青釉琮式瓶
199

豆青釉月牙纹盖罐
200

青花竹石芭蕉
玉壶春瓶
203

青花饕餮纹
出戟方罍
204

祭蓝釉
描金皮球纹赏瓶
206

白釉暗花
蟠龙纹执壶
208

青花缠枝莲纹
夔龙耳尊
209

碧玉交龙钮
"万世法戒之宝"玺
210

碧玉《祭历代帝王庙
礼成恭记》册
212

大理石
"山川晴霭"圆插屏
216

交椅
218

紫檀嵌瘿木
山水宝座
220

紫檀嵌瘿木
山水屏风
224

图书在版编目（CIP）数据

敬天尊祖　礼乐备和　天坛馆藏文物精品 / 北京市
天坛公园管理处编著. — 北京 ：中国建筑工业出版社，
2018.1
ISBN 978-7-112-21629-1

Ⅰ．①敬…　Ⅱ．①北…　Ⅲ．①天坛－历史文物－介绍
Ⅳ．①K872.1

中国版本图书馆 CIP 数据核字（2017）第 298908 号

责任编辑：杜　洁　李玲洁
书籍设计：张志伟　张悟静　纸墨春秋设计工作室
责任校对：王　烨　张　颖

敬天尊祖　礼乐备和
天坛馆藏文物精品

北京市天坛公园管理处　编著
*
中国建筑工业出版社出版、发行（北京海淀三里河路9号）
各地新华书店、建筑书店经销
北京雅昌艺术印刷有限公司印刷
*
开本：965×1270毫米　1/16　印张：14$\frac{1}{2}$　插页：4　字数：323千字
2018年5月第一版　　2018年5月第一次印刷
定价：298.00元
ISBN 978-7-112-21629-1
　　　（31268）